アラン・バディウ、自らの哲学を語る

アラン・バディウ、自らの哲学を語る

Alain Badiou

1. 出来事、真理、主体
2. 数学と詩情のあいだの哲学
3. 存在論と数学

アラン・バディウ

近藤和敬――訳

水声社

本書は全部で三つの講演と対話からなる。これらは二〇二〇年の五月に修正され手直しされた。これらの準備を担ってくれたイザベル・ヴォドに感謝する。

「出来事、真理、主体」は、パリで二〇一九年六月十八日にアラン・バディウとイザベル・ヴォド、バス・マッティンセン、ピーター・コッケルバーグのあいだでなされた対話である。

「数学と詩情のあいだの哲学」は、ブリュッセルで二〇一九年五月九日に読み上げられた原稿「哲学とその諸条件」であり、この講演はアラン・バディウをめぐる第一回教育シンポジウムにおいて行われた。このシンポジウムはピーター・コッケルバーグとバス・マッティンセン、およびベルギー公立学校ショーレン・ダ・ヴィンチ（シント＝ニクラース市、ベルギー）の学生および卒業生によって行われた。本文はイザベル・ヴォドによって英語から〔フランス語に〕翻訳されたものである。

「存在論と数学」は、パリ・アメリカ大学で、二〇一九年六月十七日に読み上げられた講演原稿である。

目次

序文　13

第一部　出来事、真理、主体　17

1　哲学とはなにか　19

2　哲学の条件——科学、芸術、愛、政治　24

3 「真理の手続き」。いくつかのキー概念——存在と出来事、主体と忠実さ 34
4 哲学の歴史——プラトンからヴィトゲンシュタインへ 47
5 「世界を変えること」／「若者を堕落させること」 58
6 平等、普遍性、解放——コミュニズムの理念 66

第二部 数学と詩情のあいだの哲学 75

第三部 存在論と数学 97
1 哲学とその諸条件 99
2 「状況」 102
3 いくつかの存在論 106

4　存在と出来事　115
5　諸世界の諸論理　130
6　諸真理の〈内在〉　146

訳者あとがき　151

凡例

一、本書は、Alain Badiou, *Alain Badiou par Alain Badiou*, Presses Universitaires de France, 2021 の全訳である。
一、〔 〕は、訳者による補足を示す。
一、〈 〉は、著者によって大文字で強調された語を示す。
一、傍点による強調は、著者によってイタリックで強調された語を示す。
一、傍注はすべて訳者による。

序文

今回の本は、わたしの著作が現代の若者にとって絶えず読み返される文献となるべきだと決したフランドルの友人たちによる大変な仕事の成果です——わたしはこの仕事に大きな感銘を受けました。「わたしの著作」というのが、彼らにとっては原則として、『存在と出来事』（一九八八年）、『諸世界の諸論理』（二〇〇六年）、『諸真理の〈内在〉』（二〇一八年）からなる形而上学三部作を意味していることは明らかです。しかしこれらは綜合的かつ緊密な作品であって、もし若者に向けたもの、あるいはもっと一般的に考えられる限り多くの読者に向けたものであるならば、なんらかの予備的な注釈によって、それを読むための準備をすることがおそらくは必要であると思います。以上のような考えから、わたしの対話相手であり、模範的な教育者でもある友人たちは、これら三部作に入門することを可能にするために、講演や対話といった、それほど緻密ではなく、より教育的なコミュニケーションの在り方に訴えることにしました。これらの項目が織りなす広大な全体の中から、彼らは扇動的な譲歩に訴えることなく、概念的な明晰さと綜合的な展望の力を兼ね備えたものと彼らの目に映るテキストを選定したのです。かくして彼らは、わたしの哲学的命題の中心的問い――すなわち、存在と普遍性、諸世界と特異性、出来事と主体と諸真理、無限者と絶対者――と、これらの用語と人間の動物性によって可能であることが証明された本質的である創造的実践とのあいだの連続的関係――すなわち、科学ととりわけ数学、芸術ととりわけ詩情、政治ととりわけコミュニズム、最後に他者の存在の比類なき配慮である愛――を同時に正当に評価することができたのです。

この企画者らによって選ばれたテキストの配置は、わたしの哲学の企てにおいて命じられたある種の旅路を示しています。それが今日においても同じ価値をもつとは思いませんが、やはり読むこと、そして何度も読むことによって、わたしはみずからを教育するのだということはできますし、それほどに思想の仕事へと参入するためには、他者と他者への伝達にたいする真正の配慮が不可欠なものだということは、実際そうなのです。以上のような理由から、今回のこの本の発案者たちによって企画された数多くの若い高校生たちとの出会いを、わたしは大変喜ばしく思い出します。彼らの視線、注目、質問は、わたしに、著者であるわたしが彼らの意識や彼らの計画のなかに生き生きと存在させられつつあることを理解させてくれました。

わたしと、同時にすべての人たちに、わたしの思想、言葉、文章の本質的な部分が捧げられてきたものについての、この思いがけず説得的な構成を提供してくれた友人たちに感謝します。

アラン・バディウ

第一部　出来事、真理、主体

1　哲学とはなにか

――〔質問者〕この対話を、いくつかのとても一般的な問いから始めたいと思います。あなたにとって、あるいはあなたの考えにしたがえば、哲学とはなにであるのでしょうか、そしてなぜ哲学なのでしょうか。

アラン・バディウ　そうですね、まずは個人的な答えを述べたあとで一般的な答えを述べることにしましょう。というのも、わたしにとって哲学とは一つの出会い、つまりは師との出会いであるからです。哲学は、哲学者という人物像といまだなお深く結びついているとわたしは考えています。ところでラカンは、哲学は師の言説の側にあると言っていました。これは褒め言葉ではありませんでしたが、わたしは、この言葉を引き受けています。この言葉がわたしを悩ませることはありませんでした。わたしがまだずっと若かったとき——十六歳か十七歳でした——、わたしはサルトルを読んで圧倒され、大きく変えられました。したがって主観的には、哲学とは、なによりもまず、わたしが従いたいと思う示唆があり、その帰結を展開させたいと思うようなタイプの言説との出会いでした。

なぜならこのタイプの言説は、主体の実在[1]をそれとして直接扱うという特徴をもった言説であるというのがその理由です。それはその主体に教えられるようななにかではありません。その主体による世界の見方を変えたり、善い行為と悪い行為を区別したり、そういったことがらを目的としたなにものかなのです。この観点からすれば、哲学者という人物像が存在するのですから、哲学は一般的言説ではありません。それは、主体的、あるいは主体化されていると同時に、この言説が差し向けられるものを変化させることを試みるような言説なのです。このことはわたしを本当に夢中にさせました。その当時、わたしは海洋検査官か森林官か俳優になりたかったのです。しかしサルトルを読んだことで、最終的に哲学に転向しました。

なにによって、つまりいかにしてわたしは、最初の師であったサルトルをこえて、わたしが受け取り、理解したような哲学を定義するのでしょうか。とはいえ、わたしはそのあとサルトルを捨てたわけではなく、端的に彼を超えて進み、別のことをやったのですが。しかし、哲学そのものはわたしにどのようなものと思われたのか。哲学の実在の正当性とはなにか。なぜ哲学は実在するのか。そしてわたしはなぜ哲学者であるのか。

哲学は実のところ、人間の活動から、普遍的価値をもちうる、あるいはもっているものを抜き出そうとします。わたしはそうであると思います――それが批判哲学や懐疑論的哲

（1）　「主体の実在」とは、l'existence du sujet であって、「主体の実存」のほうが実存主義の文脈においては自然な訳語である。しかし、後半の議論では、実存主義の意味での実存という意味ではほとんど用いられておらず、バディウ固有の語法を表すものとして「実在」と訳している。明らかに実存主義の文脈を参照しているときにのみ「実存」と訳すが、これらは同じ語彙であることに注意されたい。

学である場合でさえ、彼らはその問いに関して懐疑的なのです。つまり、それらの哲学は、この問いには答えられないと結論することができるわけです。しかしながら、それでもなおこれこそ彼らにとっての問いなのです。たとえば、懐疑論者は、われわれには真理を知ることはできないと言いますが、懐疑論者がそう言うのは、まさに懐疑論者が真理に関心をもっているからです。したがって、その問いこそが真理なのであって、その実存的なドラマは、真実を知ることはできないということであるわけですが、しかしなおそれはひとつの哲学的選択であるのです。哲学の全体がそういうものなのです。哲学は、人間の行為や、人間の思考、人間の創造において、伝達可能な価値や普遍的な価値をもつことのできるものすべてを扱うある種の中心なのであって、そこにはそのような価値は不可能である、あるいは困難であると結論付ける哲学をも含みます。それらもまた哲学の一部であるのは、それらが同じ問いを証言しているからです。これがわたしの考える哲学です。

結果的に、哲学の特徴とは、それがいかに伝達されるかにあるようにわたしには思われます。哲学の伝達は、たいへん重要な問いであって、それ自体が哲学の一部をなしており、哲学者たちによって議論されてきました。世の中には、この点について二つの道があるとわたしは考えています。すなわち、一つの道は、最終的に哲学はアカデミックな学問でありうると考える道です。このとき哲学の伝達は、地理学や歴史学の伝達と同じものになるでしょう。この道は長い歴史をもっています。アリストテレスは、彼自身偉大な哲学者でありましたが、先のような仕方で考えていました。アリストテレスは師が存在すると考え、続いて学校を作りました。このことは彼のスタイルをみればわかります。というのも彼は常に明晰な定義、帰結、そして先人の言ったことから出発するからです。

以上とは別の道もあります。それは哲学を主体化《シュヴジエクティヴァシオン》であると考える道です。その場合には、哲学はアカデミックな可能性を遥に超過した支えを想定しています。たとえば、もしある人が哲学に従事するなら、その人は若者たちとなにをするでしょうか。このなすことというのは、おそらく到底アカデミックなものではありえません。たとえば、なにかを発明しなければならない、状況を創造しなければならないのです。〔この道において〕哲学の伝達とはつねに状況の創造なのであって、そこでは話しかけられているものがなにかに出会っているという感覚をもたなければならないような状況の創造なのです。他の学問は、それを学ぶことができます。しかし哲学は、本来の意味で言えば、それを学ぶことはできないのです。哲学は出会わなければならないのであって、それこそが哲学の特異性をなしているのです。

人生においては、あなたがたは哲学に出会うという幸運を手にする場合もあれば、哲学に出会わないという不運を手にする場合もあります。哲学科にいるたくさんの大学生にわたしは会いますが、彼らと五分も話せば、彼らが哲学に出会っていないことがわかります。しかしそのなかの幾人かは哲学に出会った人もいます。

ですので、あなたがたがわたしに哲学の定義を求めるのであれば、わたしは、哲学は、ひとがある可能性の実在と出会うときに実在するのだということになります。その可能性とは、すなわち人類にできることを突き詰め、検討し、次いでそれが価値をもつのか、あるいはもたないのかを知るという可能性なのです。

2　哲学の条件——科学、芸術、愛、政治

——科学、芸術、愛、政治……。あなたの哲学の体系には、哲学の四つの条件が存在して

います。このような哲学の条件をどのように考えればよいでしょうか。これら四つの哲学の条件は、たがいにどのように結びついているのでしょうか。それぞれの条件について、ひとつずつ例を挙げながら説明していただけませんか。

バディウ　この質問は、ひとつ前の質問と関連付けることができます。もし哲学が、最悪なことも含めて——人類は悪事をなすことができるということもまた哲学には興味深いことなのです——、人類になにができるのかを検討することであるのならば、つまりそれこそが哲学であるならば、そのとき、人類の実効的な創造活動に目を向けなければなりません。言いかえれば、人類のなしうることを自ら発明しようとするのは、哲学ではないのです。哲学は単に人類のなしうることを探求し、そこにおいて人類を区別するものがなにであるのかを問おうとします。最善とはなにか。したがって、哲学の源泉は哲学の外部にあります。ところで、人類になしうることを示し、おそらくは普遍的な価値をもつ「真理」という古い言葉をもちいることをわたしは選択しました。人類になしうることが問題であり、それはある仕方で伝達されうる、そしてすべての人に伝達されるような一般的な仕方で伝達されるべきことだと言いましょう。

わたしには、これら人類の創造をそれらの特異性にしたがって四つのグループに分類できるように思われました。わたしはそれらを哲学の四つの「条件」と名付けたわけですが、それというのも、人類のなしうることにはいくつかの条件が存在し、哲学はその条件のもとにあるからです。そうでなければ、哲学は存在する場所をもちません。わたしはおおよそ最初の分類を、一方では、主体的コミットメント（アンガージュマン＝企投）の像のなかに直接的に存在するもののあいだに提起しました。わたしはこのカテゴリーのなかに政治、すなわち集合的コミットメントの像と、愛、すなわち個人的コミットメントの像を置きました。他方で、なにかについての客体的生産が存在しています。それは本であったり、テキストであったり、定理であったりするわけですが、それは本当に実在するなにものかの像のなかで伝達されます。第一の像は、愛と政治であり、他方で第二の像においてわたしは、それは芸術と科学の場合であると考えました。ここから、哲学の条件には四つの像、すなわち科学、芸術活動、政治、愛が存在するというわたしのテーゼが導かれるのです。哲学がそれらのどれかに戻ってくることをやめるとしても、それは哲学の条件の体系の結び目や網目を特定し、検討し、場合によっては探求するためなのです。

さて、それぞれの条件に例を挙げるとしたら……。根本的には、それはたいして難しくはないのです。なぜならそれらはたいへんよく知られた普通の例ですから。わたしは真に例外的な例を探しているのではありません。科学の像においては、わたしのお気に入りの対象は、もちろん数学です。数学は、わたしの考えではとても重要な点にかんする哲学の条件なのです。数学は、それが担う真理が無媒介的に普遍的であることを、すなわちその真理が特異的な創造者に依存しないことを告げ知らせます。偉大な数学者が存在しないと言いたいわけではなく、偉大な著作というものはそれが存在するやいなや、即座に共有のものとなるということを言いたいのです。それはなぜか。措定された諸公理が認められたなら、その帰結もまた認めなければならないからです。逃げ場はありません。言い換えれば、数学は正しく言って、議論の余地をもたないのです。数学は、議論の外にある認識の場を確立します。言うまでもなく、このことは哲学を魅了します。なぜなら、議論の外にあるということが、例外的でまったく驚くべきものだからです。くわえて、哲学が数学と同じ時期にギリシアで生まれたこと、そして哲学は絶えず数学と互いに交差してきたことを強調したいと思います。もちろんこれは一つの例にすぎません。物理学や生物学のなかに、見出すべき非常に重要なことがらがあります。わたしの哲学は、多くの他の哲学がそうするように、数学を好みますが、生物学を好む偉大な哲学の例も存在します。ベルクソンのことを考えてみましょう。彼にとっては、生命の運動とともに、ダーウィンがまったくもって本質的です。

こんどは芸術をとりあげるとすれば、最も一般的な意味における詩情 poésie が哲学史全体において主要な役割を演じてきたこと、とりわけ詩情の分野に演劇を含める場合には、そうであることがすぐにわかります。プラトンの著作全体は、この問いをめぐって、非常に複雑な議論が織り上げられています。わたしの考えでは、プラトンと演劇の関係についての完全で厳密な分析があれば、非常に興味深いものとなると思われるのですが、まだなされていません。それは、哲学が仕事をするところの論争であって、哲学が詩情にあまりに魅了されるがゆえに哲学によって信用されず、また詩情の魅力的な能力がおそらくあまりにも特異であって、十分に普遍的ではないのではないかと哲学によって疑われるところの条件にかんしてなされる議論なのです。しかし、プラトンが演劇について、とてももつれた複雑な議論をしていることがよくわかります。それは以下のようなものとして認識される条件についての議論なのです。すなわち、もし演劇がまさに哲学の条件のひとつではないのであれば、そしてプラトン自身がその魅力を経験した条件ではないのであれば、プラトンは演劇について議論するのに時間を費やすことはなかったでしょう。というのも、証拠はないのですが、プラトンは青年期に悲劇を描いていたけれど、ソクラテスと出会ったときにそれを焼き捨てたからです。わたしの考えでは、これは作りだされた歴史なのですが、しかし教訓的な歴史ではありません。そのため、わたし自身は最終的には、芸術的決意において、むしろ詩情と演劇を好むわけですが、しかしそれは選択であって、それが特定の哲学の仕事なのです。たとえば、絵画の条件のもとにおくようなすばらしいやり方も存在します。サルトルも、ティントレットについて偉大な著作を書いています。もちろん、メルロ＝ポンティにおいてもそうです。ですから、それは絵画でもいいわけですし、建築でもいいわけですし、ダンスでもよいのです。

これら最初の二つの条件のあいだの関係ですが、数学の事例においては、無媒介的な普遍性の観念こそが魅力的な点であり、芸術の事例においてそれは、感性的なものが突如として価値をもつという事実にあります。それは数学とは少々逆になりますが、感性的なものの可能的な普遍性です。しかしもしそうでないのだとしたら、感性的なものはそこにあるということ、つまりそれがテーブルで、それがコーヒーカップ、それがあなたであるということです。したがって、見たところ、それは全くの無であって、というのも、われわれが四人でテーブルを囲んでおしゃべりをしていることは、普遍的な価値をもつ創造ではないからです。ですから、感性的なものは、常に、四つの条件のシステムの外に存在する哲学者らによって、つねに疑われてきたのだと考えることができます。しかし、ベートーヴェンの交響曲や、ある偉大な絵画は、まさに感性的なものであることを認める必要があります。そこから逃れることはできません。したがって、感性的なもの、つまりまったく特殊な条件下においてそれ自身作り直された感性的なものは、普遍的価値をともなって姿を現すことができ、人類のまったく印象的で目を見張るような創造でありうるのであって、それらは普遍性を志向するのです。それゆえにこそ、芸術はまさに感性的なものそれ自体が作り出され、普遍的な価値の高みにまで高められうるものであることを証明するのですが、他方で芸術は普遍的ではないもの、あるいは普遍的なものとは反対に常に全く特殊でしかないものの無媒介的な表現なのです。

以上が、科学と芸術についてです。他方で、愛に関して言えば、しばしば、愛がそこでなんの関係があるのか、と問われることがあります。愛は、わたしの私秘的な生活です。そこにこそ、二つの条件のあいだの結び目があるのです。なぜなら芸術は、愛が普遍的な射程をもつことを非常に早い時期に気が付き、愛の味方をすることを証言したからです。もし愛を失ってしまえば、消滅する芸術作品の数はたいへんなことになるでしょう。芸術それ自体は、愛の側に、なにか人間の情動一般の例外をなしているものが存在し、愛には誰もが興味をもつのだということを感じてきたと言わざるをえません。何世紀もの間、真実であるものは、これらすべての愛の物語とともにあるのです。それゆえ、そこにおいては、みなが『ロミオとジュリエット』に、『トリスタンとイゾルデ』に夢中になるときになにが起きているのか、と問うことができるのです。それは、情動の特異性の〈なかに〉ありながらも情動の特異性をまさに超脱するなにかが愛には存在するからこそであると感じられるのです。以上のような観点からいうならば、愛は、情動として存在する、いわば、他者との感性的な関係として存在するのであって、それは芸術が感性一般として存在するのと同じです。すなわち、芸術は感性を創造へと転化させる仕方で扱うのに対して、愛は情動を――すなわち人間の感情的な能力を――同様に普遍的な意味作用をそこから生み出し、最終的にはすべての愛が真の発明、すなわち性の純粋で単純な再生産的機能の外に人間を置く創造となるような仕方で、扱うのです。愛こそが存在するのだと、そして最終的には、愛は、根本的に、――それが哲学的な傾向であるとしても――性の否定という意味においてではなく、反対に、性の昇華、性の肯定であると言わなければならないのです。この意味で、それは哲学の条件であるとわたしは思いますし、わたしはプラトンをとりわけ――多くの理由のために――好むのですが、わたしが彼を好むのは、彼が恋をしたことがないものは哲学者になれないと言い、書いたからです。そこにおいて、この一節は疑えないものです。この一節には、多くの説明が割かれませんでした。プラトニック・ラヴについて、誤ったヴァージョンで多くが語られたにもかかわらずです。誤りであるというのも、多く語られたものは性にたいするアンチであり、プラトンが語ったこととは全く違っているからです。

最後は政治です。政治とは、そこでは次のような問いです。ある組織化において、ある与えられた瞬間、実際に普遍的な意味作用をもつひとつの創造として現れることができるのはなにか。たとえば新石器時代についていうことができるとすれば、つまりは拘束の相貌《フィギュール》、集合性の組織化の相貌、また暴力の相貌、好敵手の相貌を浮かび上がらせる集合的組織化において、これら全体において最終的になにがひとつの創造として現れることができるのか。わたしは最初から、その答えは、政治が、人間たちの目先の違いを乗り越え、人類全体を対象とすることができることが証明されたときだと信じています。そして、そこでは、歴史の残りの部分が、二つに分かたれます。ひとつはなにが起こったのかについて語る歴史家の歴史が存在しており、彼らは明らかに、権力に対する戦いの浮き沈みを語ります。というのも、それこそが、もっとも可視的なものだからです。そしてつぎに、これらすべてのことが、哲学にとっての条件として機能することができるやり方が存在しているのですが、これらは反対に、権力にほかの価値を対置するすべてのエピソードに関係しています。この価値を、哲学は、凡そにおいて、「正義」と呼ぶのです。つまり、それらはすべて、効率、生産性、階層の秩序に従ってではなく、正義の秩序に従って集合性を組織化するための人間的努力だったものです。このような方向性に進んだものはすべて、哲学的英雄が、スパルタクスであったり、ロベスピエールであったり、云々の状況における大衆であったりするのです。このことは、哲学の関心を最初から強く引き付けています。というのも、人類がなしうる社会的秩序が、利害の原理に従うことは、なににもまして哲学にとって我慢ならないことだからです。わたしは、政治とは、個人的利害の原理が政治的組織化のモーターとならないときの条件について、ある種、省察させる契機であると言うことになりましょう。

3 「真理の手続き」。いくつかのキー概念——存在と出来事、主体と忠実さ

——哲学とその四つの条件についてみてきたので、ここであなたの思想におけるいくつかのキー概念に焦点を当ててみたいと思います。多くの読者や十七、八歳の若者にも理解することのできる手ごろなポイントを探したみたところ、あなたが「真理の手続きprocédure」とよぶところのものがよい出発点なのではないかと考えました。それに加えて、この概念によってわれわれは、存在、出来事そしてそれらの諸帰結について、つまり

は、真理、主体、忠実さについて話すことができるからです。

バディウ　それらのいずれにおいてもある種の単純さが根本にはありますので、おっしゃったことは可能だと思います。

「真理」とわたしが呼ぶのは、われわれがこれまで話してきたことの総体に、すなわち、確かな理由によって普遍的価値をもつことを主張しうるなんらかのものの、時間と空間における生産の総体にたいして、哲学者が与える一般名称です。たしかに、これは、「真理」という語の意味としては少々特殊なものです。というのも、通常の真理とは、冗談を言うかわりに、何事か本当のことを言うことだからです。それが真理という語の通常の意味です。ところで、ここでの意味は、少しそれを踏み越えています。なぜなら、「真理」は、ピカソの絵画や、ボルシェヴィキ革命や、『ロミオとジュリエット』であったり、ピュタゴラスの定理でもあったりしうるからであって、したがってこれらが〔わたしのいう〕「真理」の例なのです。それゆえ、わたしは「真理」をより広い意味で理解していますが、それはとくに、「真理」を、言語において、とくに真理という語のアカデミックで厳密なヴァージョンである言語でもちいられる真理に、いわば、命題が真か偽かという問いに還元されるような真理に還元してしまうことを防ぐためです。わたしは最初から「真理」を非常に広い意味で、数学的真理だけでなく、多くの他のものも含む仕方でとらえているのです。

明らかにすべきポイントは、例外的な創造が存在しうるということは、いかにして生じるのかということです。なぜなら、複数の真理が、しかもたくさんの真理が存在しており、それらはある意味では、すべて例外的なものであると考えられているからです。例外的ということによってわたしは、「事物の状態の通常の、自然な生産ではない」ということを考えています。われわれの例を挙げるなら、そのことは非常によくわかります。偉大なる愛は、誰かとのちょっとしたお話とは同じものではありません。革命は、確立され、安定し、腐敗した国家権力とは同じものではありません。数学の定理は、機械の価値を知るためのちょっとした単純な計算と同じものではありません。結果として、真理一般には、それがどのようなものであれ、例外的な要素がまさに存在しています。しかし、それはなにを意味しているのでしょうか。ここから、いわゆる哲学的訴訟＝係争過程 procès philosophique が開始されるのです。

なんらかのものが例外的であるということでなにをいわんとしているのでしょうか。それは、存在するものの一般法則において予見可能ではなかったということです。あるものは、それが存在する世界の確立された法則によって全く単純に説明されるとき、通常のものであって、例外的なものではありません。非常に多くのものが、なぜそれが存在し、そうであるのかということを完璧に説明することができますが、それらは世界の通常の現象です。それは偽か真かという問いとは無縁です。それは存在しており、それがすべてです。それらの存在は、真理の例外性の問いとも、偽とも無関係です。それは偽でもなければ真でもなく、そこにある、ただそれだけです。

したがって、真理の起源には、このようなものが生み出された世界の厳密な規定や法則には還元できないなにかが存在していなければならないのです。さらには、真理の生産はつねに、規定された世界においてなされるのであって、それは天上でも神でもなければ、別の世界でもないということなのです。それは世界のなかに場所をもちます。本物の政治の帰結、偉大なる愛、それらは、規定された世界において生じたのであり、したがって、それはこの世界に「内在」しています。これは少々粗野な表現を選ぶなら、「所与の世界の内部にある」という意味です。そして、世界の法則はそれを生産することを許していないのですから、それは世界の法則の例外でもあるはずです。したがって、それを一般的に検討するならば、哲学的問題とは、「内在的例外」とわたしが呼ぶところのものの問題だということです。そして真理とは、このようなものです。すなわち真理とは内在的例外です。そして真理が普遍的であるのは、それが例外的であるからです。真理が厳密に内在的なものであったのであれば、当該の世界の内部においてのみ、それは理解されるでしょう。それがもし別の世界において理解されるのならば、それはまさに、その真理が生じた世界において、それがその世界の質料や事物で作られているにもかかわらず、例外であるからです。したがって、本物の創造の起源にあるのは、世界のなかにありながら、世界には厳密には属していないなにかを位置付ける必要があります。わたしはそれを「出来事」と呼びました。出来事とは、世界のなかに生じたが、この世界それ自体の要素からは計算不可能であるなにかです。出来事とは、到来するものです。これによって出来事は、『存在と出来事』におけるように——これはわたしの最初の哲学的著作の題名なのですが——、存在から区別されうるのです。出来事は存在の諸法則にしたがって到来するとはいえないものの、他所にそれが到来するということもできないということです。したがって、存在と出来事を区別するのは、出来事が世界に到来するかぎりにおいて出来事は世界のなかに存在し、その一方で、存在はかくある世界の実在性を支えているということです。以上が、真理の原点です。規定された世界に内在する、すべての例外的な新しさの起源には、出来事が必然的に存在していなければなりません。

では早速、別の真理の手続きにかんする出来事の例についてはなしましょうか。絵画の体制における出来事を取り上げましょう。それまで無形のもの informe と考えられていたものを、形あるものとして扱うなにものかを誰かが提案するという場面です。世界の法則とは、形あるものと形なきもののあいだには明瞭な区別が存在するというものでした。つぎに、明らかに、形なきものがある形として扱われ、ある形になるような何ものかを誰かが実現するということは生じうるし、実際に生じます。たとえば、このことは、一九一〇年代のピカソとブラックの初期キュビズム絵画に見られますが、十五世紀のイタリアの遠近法を重視する初期絵画においてもすでにみられます。これこそが、芸術の出来事なのです。

そこから、この出来事はあらゆる種類の帰結をもつことになります。すなわちそれは世界の内部における諸帰結であって、わたしはこの諸帰結の総体を「真理の手続き」と呼ぶことになります。明らかにされたのは次のような事実です。すなわち、真理の創造は、一方で、諸帰結が世界のなかで生じるがゆえに、まったくもって世界のなかで存在しうるのですが、それは世界のなかで生じるけれども、事物の出来事的起源のためにある意味で例外状態である仕事なのであって、というのもそれは世界のなかに実在すると認識されたもののなかにちょっとした疑似‐存在論的差異を導入したからです。真理の手続きの総体は、異なる条件の体制のなかでは、政治的出来事であり、愛の出来事であり、芸術的出来事であり、科学的出来事であるわけですが、実のところ真理の手続きとは、起源的出来事から、内在的な例外を世界のなかに創造することで、世界のなかで諸帰結を展開し、配備する手続きにわたしが与えた名なのです。

これについてはあらゆる種類の例を挙げることができます。愛の体制において、出来事は純粋な出会いとして把握可能です。つまり、愛の絶対的起源とは、あなたが誰かと出会うことだということです。あなたは誰かと出会いますが、いつでも誰かと出会っているので、それはある意味では計算不可能です。では、なぜ最終的に普遍的な価値をもつなにものかを創造する能力をもつものが存在するようになるのでしょうか。それは計算可能なものではありませんでした。だからこそ、決定的な瞬間とは、出会いが以下のように宣言された出会いとなるときなのです。すなわち、愛の宣言は、非常に困難な古い物語であって、恐ろしい試練です。しかしなにゆえか。なぜなら、主体は実際には、出会う誰かが例外に入り、恋愛の手続きに従うことが必要になることを知っているからです。なぜなら、愛は手続きであり、それは出会いの帰結であるからです。しかし、出会いの諸帰結は、それがその例外的な特徴に値するために、まさに創造として、来る日も来る日も創造として扱われなければならないのです。

それは真理のすべての手続きにとって同様です。政治においては、世界の法則を絶対的に打ち破る大規模な民衆蜂起がおこった場合、真理は蜂起そのものではなく、そこから導かれる諸帰結の全体、すなわちこれらすべての組織であり、社会の一般的組織化に関する新しい方法の出現なのです。そしてそこにもまたあらゆる種類の例をみつけることができます。

まとめると、真理の手続きは、到来するなにものかを、そうではないものよりも必要としているのです。したがって、われわれは世界における到来の体制のうちにあるのであって、この世界の計算可能な存在の体制にはいないのです。そのような体制には、創造と、この例外を把握し、そこから世界に内的な諸帰結を引き出すことになる「主体」の創造と出現がともなっています。それゆえに、この場合、物事の行為者、生産力、すなわち主体を出現させせなければならないのです。あなたが誰かに出会うのであれば、出会い、そして何事もなかったかのように別れるのです。出来事が出現し消滅するのはこのような仕方です。その度毎に異なる条件のもとで、起こったことを宣言する主体が現れる必要があります。愛は一つの良い例です。なぜなら、愛の主体的な構成が、出会いを宣言する瞬間になされる、つまり、そこで「わたしは彼（／彼女）に出会った」と述べるそのときになされるということを、人はよく知っているからです。このことは、「あなたを愛してる」とか、言語は状況に依存しているとか、言葉は状況のなかにあるとか、いろいろな仕方で言われることになります。

しかしそこにおいて、そのようなものとしての出来事とその主体的な把握には過程が伴っており、さらには、この最初の宣言の諸帰結が終わることなく引き出されなければならないことになるということがよく理解されるのです。それは、ある断絶が例えば、シェーンベルクによって産み出されたときと同じことです。シェーンベルクは構成的無調に調性の体系を移行させるのです。それは同じことなのであって、というのも、作品を産み出すことが必要にもなるし、この方向性を主張することになる学派を創設することも必要になるからです。無調の音楽を手にし、続いてこのような変異の帰結として、一連の音楽を手にするのです。つまり、真理の創造ということです。

ここまでは、諸帰結の連鎖についてだけ話してきましたが、明らかに、わたしにとって真理の手続きの主体的カテゴリーを指し示すのは、「忠実さ」です。忠実さは、「継続せよ」という命令を提示するものなのです。愛にはとても良い例があります。なぜなら、最初の超脱が存在しうるからなのですが、しかし愛の主体性は継続することを企図する主体性であって、だからこそわたしは、まさに真理の主体である主体を特徴づけるために、「忠実さ」という語を選んだのです。真理の主体は、世界の法則のなかで、世界の法則にしたがう諸帰結をそれによって組織化することになるという意味で、始まりの出来事に忠実な主体です。そして世界の法則にしたがう諸帰結の組織化は、真理の創造であって、それは、先ほど見たように、内在的であって同時に例外的でもある真理の基準と言われてきたその基準を創造することになるのです。しかしこのようなことはいずれも、諸帰結に適切に働きかける新しい主体性によって支えられるのでなければ、生じることはできません。したがって、主体とは、真理のために働く主体であるという意味で忠実な主体であり、この真理はそこでは最終的に、愛であったり、科学であったり、芸術であったり、政治であったりするのです。

愛においては「主体」はすぐに理解されます。なぜなら、それはほとんど日常語の意味での主体だからです。つまり、個人的主体であって、それは単に、「一人」であるかわりに「二人」になるということであって、いわば「一人」から「二人」に変わるということであり、自己によってではなく、差異によって世界を経験し、構築するということだからです。わたしはしばしば、愛の例をとりあげるのですが、それはみながそれを知っているからです。しかし最終的には、多かれ少なかれそうであるということであって、なぜなら、今日では、この点についての懐疑論が存在するからです。しかし、みながいずれにせよ、愛について語るのを聞いたことがあったのです。政治においては、主体とは、実のところ多くの場合には組織化であって、政治の本来の存在を復活させ、今日そうであるような世界を特徴づける巨大な階層や恐ろしい不平等を排した平等な社会に向けて、その存在を展開するための民衆的出来事を把捉する組織化であるということが知られています。

したがって、「忠実さ」とは、主体のある種の一貫性や永続性を指し示す名です。そして、それが失敗したり、中断されたり、あるいは終わったり、真理がある状態のまま放置されたりしたとき――というのも、忠実な頑なさと結びついた真理の状態が存在するからなのですが――、たとえ中断され、部分的なものであるとしても、それでもなお真理の創造であることができるのであって、それはもう少し後で、わたしが「真理の復活」と呼ぶものにおいて取り上げなければなりません。そのため忠実さの延長線は、可変的なものなのです。たとえば、死ぬまで愛しあう恋人がいたとして、それは可能であるものの最大の忠実さです。また、あまりに早々に頓挫する政治的実験というものがあるとしても、それは未来にむけた真理の参照点であり続けるのです。その典型的な例は、パリ・コミューンで、一八七一年の二カ月間です。それにもかかわらず、彼らのものであるその記念碑と計画は、政治的範例《パラダイム》を示しています。

もちろん、忠実な主体は、出来事にかんして、厳密な意味で即座に肯定的な反応を示す主体です。これは単に、全面的に賛成すると述べるということではありえないのであって、むしろ「それと共にわたしは働こう」と言うことなのです。次に、「反応する主体」というものもあります。それは、起こっていることをよく知っていても、それにかかわらないことを望む主体であり、場合によっては、制定された法をまもることを望むがゆえに、誰もそれにかかわらないということすらあります。そして最後に、「暗がりの主体」がいて、それはなにかが起こったということを頑なに否定し、神話であるかのごとく、あるいは有害で偽りのなにかとして、あらゆる忠実さを破壊することを企てるものです。反応する主体は、それは存在しないとは言いません。それはなにかが起こったことは知っているのです。しかし「かかわらないほうが良い」と言うのです。政治においては、その違いがよくわかります。とりわけ暗がりの主体は、なにかが起こったと主張する人の存在と、なにも起こらなかったと主張する人の存在を強く気にかけます。以上が、凡そにおいて、出来事に関する主体の三つの可能性の範囲です。

4　哲学の歴史――プラトンからヴィトゲンシュタインへ

――パルメニデス、デカルト、スピノザ、カント、ヘーゲル……。「古典」哲学の歴史は、あなたの著作において大事な役割を果たしていますね。たとえば先ほどあなたはプラトンについて話されていましたが、あなたの最初の『哲学宣言』でも、プラトンに触れていたと思います。この点に立ち戻って、プラトンがあなたにとって最初の偉大な哲学者であることの理由を説明していただけますか？

バディウ　最初の哲学者の肖像〔＝人物像〕《フィギュール》としてのプラトンについてであれば、わたしは、彼が最初の完全な哲学者である、つまり明晰で体系的な仕方であの四つの条件と自分を関係づけた最初の人物であると言うことになるでしょう。愛について先ほど彼の言葉を引用しましたが、彼は、恋をしたことのないものは哲学者になれないと説明し、特に『饗宴』の対話の全体を、この問いに費やしています。この対話では、欲望と愛の区別に取り組み、愛の真理を創造することは常に性の昇華であって、その消滅ではないような方法を展開しており、実に遠くまで行っているのです。野暮な表現ではありますが、セックスのない愛は「プラトニック・ラヴ」と呼ばれていますが、それはまったく誤解を招く定義であって、プラトンが述べたこととはまったく違います。反対に、彼は欲望について数多く語っているのであって、その対話全体が、ソクラテスがアルキビアデスと寝るかどうかという問いを中心に回っているのです。というのも、アルキビアデスが、そこですぐに性的魅力について言及しているからです。したがって、その点は問題ではないのです。問題は、愛における忠実さが、どのような形をとるのであれば、普遍的な価値をもつなにものかを、しかしセクシャリティと対立することなしに保持することができるのかを知ることなのです。性的であるか否かが問われているのではなく、愛なのか、一時のものなのか、つまり、最終的には愛なのかあるいは単なる欲望の遊びに過ぎないのかが問われているのです。いわば愛はいかに欲望を統合するかが問われているということです。

また当然ではありますが、プラトンは、数学の条件のもとに自らを置いています。これはとてもよく知られたことです。たとえばプラトンは、エウドクソスによる重大な変化があった時代の、経験豊かな数学者であったとも考えられています。わたしがとりわけ惹かれるのは、『メノン』の対話篇での、奴隷の子供との、つまりは社会階層の最下層の登場人物との会話のなかで、数学上の問いの重要性を強調し、社会の最下層の人物が、人類に可能な普遍的なものを分有していることを示したことです。実際、この奴隷は、当時の条件下で実現されたきわめて複雑な定理の証明を理解することになります。この定理は、平方の対角線が無理数の特徴をもつことにかんするものです。そしてこの証明は、それがみなに差し向けられた重要な真理であることを非常に劇的な仕方で示してくれます。プラトンの全作品中で奴隷が話題になるのはこの一カ所だけで、この奴隷がみなと同じように数学を理解することを示すためにのみ、奴隷について彼が語るのをみることになるのはとても印象的です。このことには、広い意味で政治的美徳をともなうので、注目に値します。

プラトンが政治に注力したことは明らかです。政治はギリシア人にとって偉大な活動であり、プラトンは民主制をこえた政治のありようを積極的に探求しました。すなわち、彼は軍事的な寡頭制を模索し、次に貴族制と金持ちたちの世界を探求し、最後に民主制を探求しました。そして民主制について、それはつねに専制制に終わることをよく示しています。事実、現にあるような世界によって通常は規定されているこれらのいずれをも分析したあとで、プラトンは彼が「第五の政治」と呼んだもの、彼は他の名前を与えなかったのですが、それに訴えることになります。それが他のもののようには本当のところ名をもっていないということも印象的です。それは政治そのものであり、まさに真実としての政治です。この政治の中心にはなにが見いだされるでしょうか。そこに見いだされるのは、平等のラディカルな概念です。たしかに、それは守護者たちのあいだの平等であって、貴族的な平等であることに変わりありませんが、そこが重要なのではなく、重要なポイントは、プラトンが他の人々について語っていないということです。そのために、彼の主張を他の人々にまで拡張することが簡単にできるのです。数学を奴隷に拡張することができるように、ある点においては貴族的である守護者の定義を、他のすべての人々にまで拡張することができます。守護者とはなにによって定義されるでしょうか。そう、彼らは私有地をもたないという事実によって定義されます。腐敗の起源として私有財産に反対する哲学的議論が歴史に登場するのは、これが初めてのことであるということに注目しましょう。そこから生じる規範は明らかに絶対的平等の規範です。プラトンの政治論が王－哲学の議論であるというのをしばしば語られますが、そのような参照根拠は、彼の著作にはまったくないのです。そこには平等の共同体が見いだされるのであり、この平等の共同体は、初期のコミュニズム運動によって十九世紀になって取り上げられたモデルです。ユートピア的コミュニズム、マルクス主義などの様々な十九世紀のコミュニズムの流派が、プラトンを、コミュニストとみなし、コミュニズム的思考の起源とみなしたことを忘れてはなりません。

芸術についてはすでにお話ししました。プラトンはどのような詩や演劇が真理に統合されることがありうるのか、そしてこのような統合が望ましいものであるのかという問題を常に探求しています。というのも芸術教育は実際には普遍的ではないかもしれないという疑念を彼は抱いているからです。とりわけ演劇について、それは現存する影響を維持し、現存する影響に譲歩する方向に働くがゆえに、新たな普遍的影響を創造することはないのではないのかとプラトンは疑っています。とはいえそのことは、彼が芸術の条件のもとにあり、この条件について常に議論しているということを妨げるものではありません。

ですから、プラトンは、四つの条件を真理の概念において体系的に統合した完璧な例だと思います。プラトンは真理を「イデア」と名付けますが、イデアとは、プラトンが善のイデアと名付けるものの範例の下にあるものです。そしてこの命名は、哲学の四条件との真理との関係からプラトンが導き出す教訓を示しています。

――あなたはヴィトゲンシュタインについて非常に素晴らしい本を書かれましたが、そのタイトルはちょっと変わっていて『ヴィトゲンシュタインの反哲学』というものでした。この「反哲学」について、ヴィトゲンシュタインの人物像などを少し交えながら、説明していただけませんか？

バディウ　前置きが長くなりますが、その背景として、哲学とは、真理の問題にたいして立場をとるものであり、結果的に、否定的な立場について哲学的に考えなければならない瞬間というものがつねに存在するということを思い起こしていただきたいと思います。そしてわたしはこの否定的な立場のために、個人的にではありますが、反哲学という語をとっておいているのです。しかしながら、ある仕方では、反哲学は、つねに哲学のうちにあるのであって、というのも、肯定的な哲学は、反哲学そのものから非常に興味深い教訓を引き出すものだからだと、常々わたしは言ってきました。

ヴィトゲンシュタインは、独特の方法をもちいる非常に興味深い思想家です。というのも、真理の諸条件との関係ではなく、いわゆる言語の状況との関係において、焦点化される哲学を打ち立てようと試みるのですから。二十世紀においてとても重要な役割をもつことになるものの、つまり、哲学とは、本来的に正しい言語を発見すること、欺瞞的な言語ではない言語を発見することの試みであるというものの発見者であるか、あるいは初期の偉大な発見者たちのなかの一人です。つまり、ヴィトゲンシュタインにおいては、こんなふうに、真理のなにものかが、少々循環し続けるのです。というのも、問いは最終的には意味と無意味の問いであって、真と偽の問いではないと考えることで、物事を単純にずらすことになるからです。ヴィトゲンシュタインにとって、われわれに真理と呼ばれたものは明晰なものではなく、意味をもつものと意味をもたないものしか存在しません。それゆえ、彼は、実践的には、彼以前に哲学で語られてきたことのすべては、とりわけ無意味に属するものだと考えるのです。とはいうものの、それは哲学者の矜持というものであって、そのように言うのは彼だけというわけではないのですが。

そのため、ヴィトゲンシュタインは、意味をなすものと意味をなさないものとを判別することを彼に可能にするはずの探求に乗り出していきます。問題は、意味をなすか意味をなさないかは、わたしがお話ししたような意味での内在的な例外を判別することはないということにあります。以上のようなことは、真理についてのわたしのカテゴリーとは直接的な関係をもちません。むしろそれは、真理という観念を解体し、それを思考の相対的に可能性のある唯一の希望としての意味の観念に置き換えるという企てですらあるでしょう。意味を優先するために真理を切り捨てるというこのありかたは、おそらくは、結局のところひとつの哲学的な選択であるかもしれませんが、わたしの観点からすると、それは反哲学であります。というのも、わたしは、哲学を存在と真理と主体へと焦点化されたものとして定義するからです。それゆえヴィトゲンシュタインをわたしは、真理にたいして意味を優先したすべての人たちと同様に、わたしが反哲学と呼ぶものの側に分類することになります。そしてこの観点からすると、ヴィトゲンシュタインとニーチェのあいだには、逆説的な類似性といったものが存在しています。

近代において、こうした反哲学的な人物たちは、ある大きな重要性をもっています。といのも、そのような人物たちは哲学のアカデミックなヴィジョンに加担することによって、逆説的にも利益を得ているからです。この点については、いつか短いエッセイを書きたいと考えています。ニーチェやヴィトゲンシュタインのように、自らを反逆者として、確立された伝統を覆す者として、また、事物の決定的な意味が偽りの意味に勝るような者として登場したものたちが、どのようにして、アカデミックな装置によってかくも簡単に哲学的に併合されたのでしょう。ヴィトゲンシュタインのように、アメリカのアカデミックな哲学の大スターになるほどにです。これには理由があると同時に誤解に基づいてもいます。実際、アメリカの分析哲学のヴィトゲンシュタインは、缶詰にされたヴィトゲンシュタイン、つまり乾燥させ塩味を効かせた見栄えのするヴィトゲンシュタインだと思うのです。とりわけヴィトゲンシュタインは滑稽なシマウマでしたからね。彼がかなりのソ連支持者であったこと、ほとんど公然の同性愛者であったこと……こういったことを忘れてはいけません。そのため、当時の普通のアメリカの大学では、まったくそれほど簡単に見栄えのするような人物ではなかったのです。そしてニーチェも、率直に言ってそうではありませんでした。わたしはヴィトゲンシュタインとニーチェがとても好きで、それぞれについて講義をひとつずつ書きましたが、それでも足りないようなキャラクターをしていたと言わざるを得ません。ニーチェは、私見では、すべての教員が省察すべき公式を最後に述べているのです、すなわち彼の告白によれば、「結局、神になるよりもバーゼルの教師になる方がましだったというのがわたしの人生だった」というのです。そして、アメリカの大学の名誉ある教師が、「わたしの悲劇は、神ではなく、あなた方の教師であることを望んだことだ」と言っているところを想像してみてほしいのです。

――ニーチェ、ヴィトゲンシュタイン、キェルケゴール、ラカン……。これらの反哲学者たちを見ると、いかに彼らがわれわれを近代哲学の歴史へと導くのかということを見ることになり、印象的です。

バディウ　哲学の歴史は、プラトンとともに、諸条件を体系化すること、諸条件を関係づけること、その後に続くことになる非常に多くの諸概念（存在、思考、イデア、真理、これらすべては諸条件からなる体系を参照します）を創造することといったことによって始まるのだとわたしは考えています。そして、この歴史はその後さまざまな紆余曲折を経て、もう一方の端である今世紀初頭には、特殊化された現代の反哲学的潮流を見出すことができるのです。わたしが思うにそれは、おそらくはいわゆる哲学のなにかが、二十世紀はいって哲学そのもののなにかが傷つけられ、変化し、難しくなったからだと思うのです。

正確にはなにが問題なのでしょうか。それほど単純ではないのですが、哲学は二十世紀を徴づけた巨大な出来事に値していない、正当な感情をもっていたのだとわたしは思います。つまり、哲学は、彼らのものであったカテゴリーでは、たとえば、第一次世界大戦で何百万人もの人が虐殺されたことを包摂することができないという感情をもったということです。ボリシェヴィキ革命とは本当のところなんだったのか、そしてスターリンとは、ファシズムとは何だったのか。そしてとりわけ技術が解き放たれるにいたった新石器時代とはなんだったのか。簒奪のためにあらゆる武器を使用し、技術的発明を植民地化する資本主義の簒奪によってもたらされる虚無主義的要素の問いについては、わたしはハイデガーに同意します。重要な問いがあるとすれば、それはまさにこの問いだと思います。この問いは、十九世紀以来、マルクスによって、また他の多くの人々によって取り組まれてきましたが、それはいまだそこにあるのです。そして、この問いに面と向かうとき、哲学はやや苦し紛れであることに気が付くのです。

5 「世界を変えること」／「若者を堕落させること」

――だからこそ、思考は常に状況におかれた思考であって、時間のなかでの思考、時間の思考、時代の、そして危機の時代の思考なのですね。あなたの著作のなかで主要な役割を演じているもう一つの問いに、いかにして哲学の観点から世界を変えるのかという問いがあります。特にお聞きしたいのですが、なぜ世界を変えなければならないのでしょうか。

バディウ　すべてはつながっています。というのも、この観点からハイデガーという人物は少なくとも徴候的だからです。実際ハイデガーは、この虚無的状況が哲学の消滅とともに進んだのだと考えています。そして彼にとって悪はプラトンから始まったのであり、彼以前のほうがよかったのだと言うことになります。この立場についてわたしは全く反対なのですが、彼が危機について語っているときに彼が言わんとしていることはよくわかります。この危機という語はフッサールの語彙であり、最終的には今日のすべての人々の語彙であります。つまりみなが、危機が存在していると考えているということです。このとき哲学は、その根本的な諸目的を維持しながら、この危機を捕らえることができる状態にあるでしょうか。これがわたしの立場であることは明白です。わたしは人類の危機が存在していることを十分に認識しています。そしてその危機とは、新石器時代全体の最後の激変であると、すなわち階級、私有財産、国家権力、テクノロジーなどの時代全体の最後の激変であると考えています。それはエジプトや中国でいまから六、七千年前にはじまり、ずっと続いてきましたが、ここにきて非常に制御することの困難なある種の出口へと至っているのです。これは、この巨大な時代がもたらしたすべてのものの出口なのです。そこには諸々の真理も含まれているのであって、それら真理といったものは、今日ではおそらくある意味で、簒奪と破壊の制御不可能な状況によって家畜化されているのです。

結局、技術は科学に依存し、あらゆるものの媒介は情報的でもあり、美的ですらあると主張し、愛が計算可能になったということです。というのも、どんな男の子や女の子があなたにふさわしいのかということを科学的なやり方で計算することができるわけですからね。これらすべてが実際には哲学における巨大な危機の根源にあるのです。わたし自身の立場としては、これまで以上に哲学の根源的なカテゴリーにこだわることで、生じていることにたいして効果的な抵抗をする立場になることができるというものです。つまり他のものへと傾くことからなるところの抵抗です。いまある世界を作り直せるなどとは期待してはいけません。わたしはそれはまったく不可能だと思います。もちろんできる限りのことはやりますが、各人がカタストロフであると徐々に認識しつつあるのが、この世界なのです。そしてそれは真実です。ここでは大きく考えなければならないのですが、数千年の歴史が終わりを迎えるわけですから、それはカタストロフになるわけです。それは単に十九世紀と二十世紀の終わりということではなく、階級と不平等と国家権力と科学技術の奴隷化とあらゆるものを植民地化する私有財産と、無意味で犯罪的な戦争からなる世界の終わりなのですから。

この巨大な世界は、四つの条件の体系における真理がもっとも顕著な仕方で発明された世界でした。したがって、われわれの問題は、この世界が、哲学の条件、そして哲学それ自体が生まれ、展開するのを経験してきた世界なのであって、その世界はある意味で、これらすべてのものが消滅する世界、それらを虚無的に使用する世界でもあるのです。哲学の危機が存在するということは、明らかです。とはいえ致命的なのは、それを放棄してしまうことです。それは最終的なあきらめを引き起こすことになるでしょう。哲学は、これらすべてを説明しなければならないのであって、諸条件の一般体系によってそれをするのでなければならないのです。そしてそこにあるのは、避けて通ることのできない今日の哲学者の政治参加《アンガージュマン》の問題であるということは確かなことなのです。ともあれ、以上のような観点から、われわれはコミットメントをもつ哲学者の姿にもどりつつあるのだと思います。というのも、そのようにわれわれは強いられているからです。大学の哲学はなんの役にも立たない。わたしの古い師であるサルトルは言いました。「われわれは自分たちの本物の祖先には値しない」。そして彼はこう問いかけるのです。「しかし、われわれの真の祖先とは誰なのか」と。彼は答えて言います。「ルソー、ヴォルテール、そしてフランス革命の哲学者《フィロゾーフ》たちだ」。彼は正しかったのだと思います。哲学者は一方では、思弁的で、概念的で、真理に専心し、諸条件のもとにありながらも、他方では、哲学者であるからには、主たる人物として現代の世界に相対してラディカルに参加する人物でなければならないのです。

――かくして、ソクラテス、つまりプラトンにまで遡る哲学の議論へと遡ることになるわけですね。というのも、あなたは若者に直接語りかけることを大事にしている希少な哲学者の一人なわけですから。どのようにして、ソクラテスに続いて、「若者を堕落させる」ことができるでしょうか？

バディウ　今日の若者たちは、今述べたような世界の、つまりは簒奪が壊滅的なまでになった世界の危険にさらされていると思うのです。そのため、「若者を堕落させる」ことは、彼らが自らを解放し、これらすべてに自らを投企するための手段を提供することを試みることです。この方向にはいくつかの流れがあることは分かっていますが、若者も、言ってみれば、現代社会の人物たちによって、部分的には、しかも非常に早い段階で、堕落させられているのです。

レーニンは、若者とはつねにその時代の感性的な板であると言っていましたが、これは非常に正しいイメージだとわたしは思います。若者は、二重の意味で感性的な板なのです。第一に、彼らの感性が、あるがままの世界によって形作られているという意味で、そして不公正や、この世界の凡庸だったり、悪かったりする側面を、敏感に感じ取ることができるという意味で、です。哲学者が若者を堕落させるために、つまりは、若者を、彼らの内面において、あるがままの世界から引きはがすためにできることは——これはまさにソクラテスが非難され、死罪に値するとされたことなわけですが——、若者に、理論的、形式的、省察的な支えを与えることで、若者のなかに存在しうる積極的傾向性を、いわば、あるがままの世界を出立する傾向性を維持することです。現代のニヒリズムへと向かう若者の自発的な追従と闘うために、彼らを奮い立たせる必要があります。わたしにとって、若者を堕落させることは、現代世界の解体された特徴に追従する形式であるところの虚無主義から脱却することです。そして、四条件の完全な体系に真に依拠する哲学の組織化は、若者との関係において、明晰かつ証示的な仕方で、時代を精査することができるということなのです。今日、わたしが思うに、哲学は、若者に対してその役割を真に果たすことができるのです。

結局のところ、ソクラテスやプラトンは、ギリシアポリスの終わりにかつて介入したひとたちだったということを忘れないようにしましょう。彼らもまたカタストロフに瀕した世界にいたのです。彼らは安定し確立された世界のなかにはまったくいなかったのです。その世界はアレクサンダー大王とともに、帝国の創建によるそのなかでの秩序を打ち立てられることによって、さらに続いて、最終的には、ローマ人と彼らが作りだした見たこともないような怪物国家によって終焉を迎えました。ギリシアポリスとギリシアの民主制は、かくして、ローマ帝国によって終わったのです。ですので、この点においても、プラトンからヒントを得ることができるのです。つまり、彼は最初の完全な哲学者であるのですが、危機の時代をすでに生きた哲学者でもあるのです。もちろん、アテナイはとても有名で、名高いわけですが、同時に、非常に腐敗し、ボロボロになっていました。プラトンの生きていたあいだですらそうですが、アリストテレスの存命中には言うまでもなく、マケドニア帝国がすでに現前しているのです。アリストテレスは、アレクサンダー大王の家庭教師であり、第一級の堕落者であり、さらにはアカデミックな哲学の創設者だったのです！

同様に、プラトン、デカルト、ヘーゲルといったもっとも偉大な哲学者たちをとりあげると、同じ相貌が見いだされます。ヘーゲルは、あきらかにフランス革命とそれによる根本的変化に巻き込まれた哲学者であり、デカルトは近代科学の出現に巻き込まれた哲学者です。これらの哲学者たちは、重大な動揺に、すなわち、古い社会が死につつあるという事実と、なにが現れつつあるのかという問いに巻き込まれているのです。われわれもまた同じような状況にいます。それゆえ彼らがやったことをヒントにしながら、その路線を継続する必要があるのです。例えば彼らは、哲学の刷新された体系に取り組むべき時が来たと考えました。条件が変わったのだから、かつてそうであった諸条件を離れる時が来たのだと、そしてそれによって実在する制約から革新的脱出によって、個人と集団の解放を提案する時が来たのだと考えたのです。この観点について、われわれは古典哲学の偉大なる伝統からヒントをえるということが完全にできるのであって、古典哲学を拒否する必要もなければ、それは終わったとか、乗り越えることのできないニヒリズムにふける必要もなければ、プラトンに遡る形而上学にたいするハイデガーによる批判を受け入れる必要もないのです。これらはどれも無用なものであって、結局のところ、世界の無秩序と一体をなしているのです。反対に、哲学はつねに、集合性の深刻な危機の状況下において、とりわけ有用であり可能であり必要であるという事実を保持しなければならないのであり、それゆえ、われわれわれの偉大な先達らの仕事を継続することが必要なのです。

6 平等、普遍性、解放――コミュニズムの理念

――あなたの思想にとってのコミュニズムの――いわばコミュニズムの理念や仮説の――重要性を理解しようとしない評論家がたくさんいます。平等、普遍性、解放の政治と密接に結びついたこの理念です。この重要性について今一度彼らに説明を試みてはいただけませんか?

バディウ　ここまでの問いからもう一度やりなおすなら、そして広い意味での政治的条件のもとに一時身を置いてみるなら、一方で、状況は危機と解体の状況であることが、他方では、十九世紀にそれが登場するときの論理においては、「コミュニズム」はこれらすべ

ての出口に与えられた名であるということが確認されるでしょう。つまり、哲学の諸条件の体系を、それらの破壊へと向かわせるなにものかへと従属させるものの出口にです。哲学の諸条件のシステムを、それらを破壊するものへと従属させるこの状況から脱出すること。かくして、愛は、計算可能な享楽と対立し、政治は支配勢力のたんなる運営システムと対立し、芸術は普遍が主張されるコミュニケーションと対立し、科学はテクノロジーと対立するのです。「コミュニズム」とは、ここからの脱出の意志であり、私的な利益よりも共有財を優先することを肯定する意志を意味しあるいは指示しているのであって、これを哲学の領域におきかえるなら、ドクサにたいして真理の優位を肯定することでもあります。このように言うことができるのではないかとわたしには思われるのです。

したがって、第一義的には、「コミュニズム」はジェネリックな名であるのです。それはたしかにマルクスによって発明され定式化された、特定の政治的な企ての名ではありますが、また十九世紀の様々な変化に富むユートピア的コミュニストらによるものでもあり、またいくつかの国家という形式のもとで一九一七年のボルシェヴィキ革命のあとに実現されたものでもあります。単純に、「コミュニズム国家」なるものは、パラドックス、すなわち矛盾であるということを直ちに思い出す必要があります。このことが、この点を主張したレーニン以来、ひとびとが社会主義国家についてしか語らず、コミュニズムは国家の消滅、国家の終焉であるという理念を維持するという予防線を張ってきた理由なのです。そしてわれわれが知っているように、国家の終焉がおこるかわりに、残念ながら、絶対的な専制的諸条件において、絶えず国家が強化されてきたということなのです。

したがってわれわれはこのことの決算をしなければなりません。しかし、「コミュニズム」という言葉をすてながら、この決算をおこなうことは間違いであり、とても危険であるでしょう。それどころか、「コミュニズム」という語が、国家権力によって堕落してしまったのだというテーゼを維持する必要があるのです。これこそが真実なのです。ロシア革命と中国革命がなにもなさなかったというのは誤りであって、それらは多くのことをなしました。だからそれらが圧制に過ぎなかったかのように拒絶してはいけないのです。それらは、何百万もの人びとの生活を一変させたこと、労働者や農民が最低のものとして軽蔑されていた環境にあって彼ら／彼女らの尊厳を高めたこと、素晴らしいものであることが明らかとなった教育システムを再開させたこと、存在していなかった医療システムを創造したことなどを見る必要があるのです。とはいえ全体としてみれば、コミュニズムの理念が国家権力の行使によって堕落したというのは真実です。ところで、レーニンが一九二〇年代にはすでにこのことを見ていたことを指摘しておきます。レーニンが極端に不安で疑心暗鬼になっていることを示しているテキストがあり、そこで彼は、要するにボリシェヴィキ国家はツァーリ国家よりも優れているわけではないということまで言っています。一九二〇年代に明白にこのことを書いています。このコミュニズムの堕落は、非常に早い段階で――コミュニズムはもともと、新石器時代からの脱出の、つまりそれに先立つこと六千年からの脱出の観念であったわけですが――現れました。その結果、たしかに少し変わった国家形成を生み出したわけですが、それは膨大なものとなる専制的な努力によってのみ、維持されうるものでした。

このコミュニズムの腐敗という悲惨な結果と闘うためには、つまりこの最初の試みの挫折と闘うためには、反対に「コミュニズム」という言葉を維持し、再活性化しなければならないのです。もしそれを捨て去ってしまえば、問題であったものをどのように指示すればよいのかわからなくなってしまい、途方に暮れてしまうことになってしまいます。そうなると、十九世紀にはじまり、またおそらくはそれよりも前から始まっていて――なぜなら、ルソーにおいてすでに部分的にはコミュニズムの観念が現れているからですが――、またわれわれの時代にまで続いているこの軌跡の一部となることはないでしょう。あるときその観念が失敗におわった経験をあたえたからといって、この伝統を捨て去る理由はなにもありません。失敗はさらに増えるかもしれませんが、それはわれわれの法廷ではないのです。われわれの法廷は、問題となっている方向性の活力を維持するかどうか、また今日見られるような弱体化した状態から復活させるかどうかにあるのです。

最後に、新しいコミュニズム――古いコミュニズムから区別するためにそのように呼びましょう――の課題は、哲学的には非常に明晰です。すなわち、コミュニズム的命題の中心であったような平等の次元の中心的な特徴を再活性化することです。社会の平等の次元が、国家の衰退を漸進的に伴わなければならないこと、人びとの生活の総体から実践的に切り離された中心的権力の無際限で強化される維持とは両立しえないことを常に忘れないようにしなければなりません。つまりこれらはコミュニズムの観念とまったく対立しているのだということを、です。

さらに、コミュニズムの原理が、私有財産と生産の国有化にはまったく還元されないことを理解する必要があります。というのも、反動的な国有化といったものがありうるからです。たとえば、二〇〇八年の金融危機のとき、アメリカ政府が銀行を国有化しましたが、これは「国有化」が多義的な動詞であることを示しています。実際には、国有化とは形式的で法的なものであって、生産手段の集合的な充当を意味しています。毛沢東は彼の人生の最後に次のように問うていました。すなわち、「よいだろう、工場は国有化された。しかしそれでもわれわれの工場は資本主義の工場と本当に違うものなのだろうか」と。

コミュニズムには四つの重要な原理があると述べることで、わたしはいつもこれを形式化することに務めてきました。そのように述べるのは、わたしがコミュニズムをその戦略目標において見るかぎりにおいて、また哲学が実在する諸経験の条件下でそれについて論じることができるかぎりにおいてです。第一の原理は、まさに生産手段と金融手段の集合的な充当です。しかしながら、生産手段の集合的充当は、国有化と同じものではないということを思いだす必要があります。集合的充当は、国有化の枠組みのなかで発明されなければならないのです。第二の原理は、労働の階層的分業の絶対的必要性を終わらせなければならないということです。肉体労働と知的労働のあいだの、管理業務と生産業務のあいだの、管理職と執行役員のあいだの差異を問題にし、縮小しなければなりません。規範としてこれらの差異は縮小されなければならず、したがって、それらを縮小し、かつ消滅させるために有効な政策を必要としているのです。第三の原理は、空間が強い意味で国際化される必要があるということです。これについてのマルクスの公式は、「プロレタリアに祖国はない」というラディカルなものでした。後には反対に、「ソ連は社会主義の祖国である」という表現が現れるわけですが、これは絶対的に矛盾しています。それゆえ、国際主義は発明しなおされなければならないのです。そしてこの国際主義の発明しなおしのためにわれわれが若者たちに提案することのできる実験は、それが完全に展開されるとさらにややファシズム的なものとなる支配的な論理とは根本的に対立するしかたで、移住の問題に介入することです。最後に、第四の原理は、これらすべてが、ますます国家的でも、権威主義的でも、中央集権的でもない仕方になっていく集合的な決定の手続きによっておこなわれるのでなければならないということです。これこそが、国家の消滅するプロセスなのです。

コミュニズムについて論じるのであれば、以上のすべてを言わなければなりません。これらすべてについて論じないのであれば、「コミュニズム」とはなにかということがわかっていないということなのです。そして、もしそれについて語るのであれば、なぜ実験が失敗に終わったのかということも理解することができます。つまり、第一の点については扱われましたが、残りの点については実践的には扱われなかったのですから。

第二部　数学と詩情のあいだの哲学

哲学というものについてのとても一般的な考察から始めましょう。ソクラテスが、「若者を堕落させた」という廉で死刑になったことはみなさんご存知ですね。われわれはこの非難を引き受ける必要があります。そうです、哲学は若者を堕落させ、しまいにはみなを堕落させるのです。哲学は切断を組織し、資本主義市場と貨幣崇拝が今日、われわれに提案している偽りの生活とは正反対の新しい生活、真の生活への開放を組織します。

哲学の賭金と手段を明晰なものにするために、哲学の「諸条件」に焦点を合わせることにしましょう。その諸条件なるものは、哲学と真理の四つの異なる形式とのあいだの関係によって、すなわち科学の真理、芸術の真理、愛の真理、政治の真理の諸形式と哲学との関係によって定義されます。哲学の言葉がもつ複雑さのうちに、数学と詩情のあいだで、あるいは論証の厳密な構成と言葉の誘惑とのあいだで、哲学がいかに引き裂かれているのかということについて、より精確に検討することになります。

命題1

数学的証明と合理論哲学は、同じ時、同じ場所で、つまり紀元前五世紀のギリシアで生まれました。哲学は、ギリシアにおいて、数学の条件のもとで、しかし詩情の言葉のうちに生まれました。この瞬間から、哲学において、論証的あるいは数学的な傾向性と、誘惑的で詩的な傾向性とのあいだでのある種の緊張関係が支配してきました。一方にはスピノザが、他方にはニーチェがいるというわけです。

命題2

この緊張関係は、対立や矛盾という形式をとることがありえました。たとえばプラトンは、「詩情と哲学のあいだのとても古くからの戦い」について論じていました。この点について、プラトンは詩情を激しく攻撃する一方で、詩情にたいする愛をしばしば告白してもいるのです。この対立は、(多様な言葉のあいだの差異という意味で)客体的なものというよりも主体的なものです。詩情と哲学は両方とも、言語という唯一の手段によって、かれらの聴衆を変形させる二つの異なる形式を生み出そうと企てました。哲学の野心は、権威的言論を議論的言論に置き換えることです。なぜなら、ある言表が真であるのは、司祭、王、預言者、あるいは神によって宣せられたからではないからです。そうではなくて、ある言表が真であるのは、それが真であることの証明が存在するからです。したがって、すべての措定された真理は、一般的議論にしたがうことができるのでなければならず、言表行為の主体が言表の真理を保証するものではありえません。新たな言表の真理の証明となるのは、すでに真であることが保証された諸言表です。一方で、詩情が魅惑の側に、すなわち主体の変容の側に位置づけられることがより頻繁に起こるのは、それがそのようなものとしての言語の力と美しさによって生み出されるからです。

命題3

難しいのは、まさに、ソクラテス以前の哲学は、いまだ詩的である言語のなかから生じたということにあります。その詩的言語は、ホメロスの長詩〔ヘクサメトロン、六脚韻〕によって大きく影響されており、その点で哲学は数学よりも詩情のほうにより近くにあります。それはエンペドクレスやアナクシマンドロスの時代です。移行はパルメニデスの著作においてなされます。ただし彼もまた長詩を書きました。しかし、彼はひとつの証明を、すなわち、存在だけが存在するという論理的な証明を実際に提案し、それによって哲学を詩情と数学のあいだに位置づけたのです。存在だけが存在し、そうでないものは存在しないということを証明するために、パルメニデスは矛盾による間接的推論の方法〔帰謬法〕をもちいました。実際彼は、非-存在が実在しえないことを証明することで、結果的に、存在だけが実在することを証明することを試みたのです。非-存在が実在しないことは明らかであるように思われますが、実のところ、パルメニデスにとって「存在すること」と「実在すること」は二つの異なることであるということをよく理解する必要があるのです。

いずれにせよ、パルメニデス以来、哲学は詩情と数学のあいだに位置づけられます。そしてプラトンは言葉の美しさをいささかも犠牲にすることなしに、この論証的方法を継続することを企てるのです。実際、プラトンが批判している詩情のジャンルは、詩情全般ではなく、彼が「模倣的」と呼ぶ詩情のジャンルであって、すなわち自然の範型の圧力のもとにあって、その目的が新しい認識を創造することではなく、新たな感情を生み出すことにあるような詩情のジャンルなのです。プラトンにとって、この「悪い」詩情のモデルは、一方では叙事詩であり、それに加えて他方では悲劇です。したがって、それは言葉の問いというよりは、詩情によって生み出される主体的効果の問いなのです。実際、制御されざる誘惑は、哲学者が受け入れることのできない思考、感情、行為のモデルと同一化することを観客や聴衆に許します。要するに、われわれは、プラトンが詩情それ自体に反対したわけではないということを認めざるをえません。プラトンは、詩情が模倣的ではないという条件のもとでそれを受け入れています。彼の根本的な議論は、哲学はなにごとかを創造することであって、なにごとかを模倣することではないということなのです。

最終的に、パルメニデスのあとで、哲学の言語は、詩情の言葉と数学の言葉の途上に位置づけられることになります。次のようにいうことができるでしょう。すなわち、〔一方には〕話す人格に転移をもたらす誘惑の言葉、あるいは魅惑の力能をもつ言葉が存在し、〔他方には〕聴衆を沈黙へと導く証明の言葉が存在するのだ、と。

命題4

プラトン自身は、とりわけ「神話」の形式でもって、言葉の詩的な使用をつねにおこなっていました。彼の神話はある種の寓話であって、概念の誕生とその歴史の創作的なアプローチを発明することによって、その概念を生み出し、変形させるのです。

詩的な物語、寓話、要するに創作的な言葉とは異なり、数学の力は、語、イメージ、フレーズよりもむしろ記号、文字、図形、式のうえに基づいていることにあります。次のようなものが数学の言葉の例です。

$$[(\forall y)(y \notin x)] \leftrightarrow (x = \phi)$$

この式は、「任意の集合yについて、それが集合xに属することは真ではないということと、xが空集合であるということは同値である」ということを意味しています。数学は文字の、純粋な文字や記号の力能、純粋な証明あるいは記号化の力能を証示するものであり、他方で詩情は、言語の、言説の、言説のイメージの、言説の展開の力能だと言えるでしょう。

命題5

まさにこの理由によって、完全に数学の言葉によって書かれた哲学は決して存在しないのです。なぜなら、哲学は、たとえ証明的であったとしても、この水準の形式化にはけっして到達しないからです。文字と記号だけで書かれるような、そしてすべてのフレーズが定理となるような純粋に数学的な哲学の夢あるいは観念は不可能です。極端な例はスピノザによって示されています。スピノザは彼の有名な著作である『エチカ』をエウクレイデス〔ユークリッド〕の『原論』の形式で書きました。しかし、そのスピノザでさえ、厳密な形式化からは程遠いのです。スピノザの『エチカ』は、最終的にはある種の抽象的詩情を提示しているということさえできるでしょう。一方、はっきりと詩的形式で表される哲学的著作というものも存在します。たとえば、ルクレティウスの『事物の本性について』や、ニーチェの『ツァラトゥストラはかく語りき』の一部がそうです。

哲学は文字の純粋な潜勢力に到達することはないのだと結論することができます。哲学は語の意味を必要としているのです。哲学はたしかに証明的なものであろうと試みることはできますが、完全に形式化することはできません。これこそが哲学が数学と詩情のあいだに位置づけられることの理由なのです。

命題6

数学は、多の形式的存在論であるかぎりで、閉じた場を構築する独立した学問なのです。一方、詩情は、日常の言葉の非日常的な扱いであるかぎりで、いかなるテキストからも浮かび上がることができます。

しかも、数学は単一の言葉で書かれるのにたいし、詩情は複数の言葉で書かれるがゆえに、このことはいかにして哲学の普遍性が可能であるのかという疑問を引き起こします。実際、当初から哲学者たちは自分たちの考えていることや書いていることが普遍的な価値をもつと主張していました。その意味で、哲学者はある国の言葉をこえた、あるいは言葉の違いを横断するなんらかの普遍的な事柄を提案しています。そして数学は、文字の潜勢力に基づいているがゆえに、この種の普遍的な言葉を正確に表象することができるように思われます。しかし、哲学的な書物のためには文字では十分ではないということを見てきました。哲学が必要にかられてある国の言葉で書かれざるを得ない場合には、その普遍性が翻訳によって証明されるかあるいは制約されうるがゆえに、これは困難な問題となります。したがって、哲学の場合には、その普遍的な意味作用を実質的に変形したり修正したりしない翻訳が実在するということをわれわれは想定しなければなりません。この点は、哲学と翻訳の関係というデリケートな問題をはらんでいるのです。

命題7

哲学は、数学が形式化され、あらゆる自然科学でもちいられるのか、とりわけ具体的な対象と自然法則とをあつかう物理学においてもちいられるのかを問うことができるし、また問わなければなりません。わたしはこの問いに対して、数学が存在するものすべての学知であるという事実から生じていると答えることになります。それはこれやあれであるということではなく、それが存在するというかぎりにおいてのすべての存在するものの学問である、ということです。

哲学の観点からは、数学は、存在にかんするあらゆる思考の証明装置をなしています。すなわち、存在としての存在にかんする思考の、（それは木であるのか人であるのかは問題ではないものとしての）それがあるかぎりであるものにかんする思考の証明装置をなしています。以上のことが、パルメニデスとともに始まったのであり、彼にとってあるものがあるのであって、ないものはないのです。同じ観点からすると、詩情は、言語の内部において、出来事を把握する能力をなしています。この意味で、わたし自身の哲学は、詩情との関係におかれるのであって、存在の側、存在するものの側にではなく、出来事の側に、すなわち到来し、存在するものとしては即座に同一視不可能なものの側にあるのです。たとえば、芸術的創造（これはいまだ存在しないなにかを創造することです）や、愛を（これは到来したり、しなかったりするものです）、またこれまでのすべての知を覆す科学的発明を考えてみてください。

命題8

すべての事柄に共通することは、すべては多であるということです。自然には、それ自体で絶対的に一であるものはなにひとつありません。改めて言いますが、数学の観点からすれば、「存在するものはすべて、多の形式である」のです。自然において絶対的に一であるものはなにもありません。たとえばこの水のボトルは複数の事物から合成されています。存在とは多であって、数学とは多の学問なのです。哲学における数学についての問いは、したがって、多についての問いです。いいかえれば、その純粋さにおいて多を思考することは数学にとっての対象であり、他方で哲学において多を思考することは時に複雑であり、ときに単純です（このことは、なぜ数学が哲学にとって役に立つことができるのかということを説明してくれます）。おそらく、神だけが唯一の例外かもしれません。もし実在するなら、神は絶対的に一です。ここから哲学における神の重要性が帰結します。すなわち、形而上学は、われわれが多であるがゆえにわれわれとは対立するものとして、大いなる〈一者〉、すなわち神の形式における絶対的な〈一者〉を扱います。自然であるものはすべて、あるいは物質的であるものはすべて、同様に自然的である要素あるいは物質的である要素から合成されているのです。

このことは、〈一者〉の存在論と多の存在論のあいだで根本的な選択のまえにわれわれを置きます。たとえば、哲学史における神の実在の証明の数多くの試みについて考えてみてください（デカルトの、あるいはライプニッツの……）。その哲学的な意味において、神は感情や信仰の問題ではなく、大いなる〈無限－一者〉の必然性にかんする証明と関わるのです。一方では、〈一者〉の実在の、哲学の観点からの合理的な論証と、他方では、多の可能な形式をすべてあつかう数学的存在論とのあいだの戦いについて論じるかぎり、数学的側面は重要です。

詩情は、言葉をして語ることのできないことを語らせる精神の潜勢力を確証させます。哲学の観点からは、この潜勢力の実在は、真理が普遍的であると語ることを許します。なぜならそこでの真理とは、出来事のうえに基礎づけられるからです。このことが意味するのは、真理が、それが出現するところの世界の存在論的法則を超えていくということです。

わたしの観点からは、詩情は、到来するもの、つまり純粋な出来事を思考することの可能性です。出来事は到来し、ついで消失するものでなければなりません。だからこそ、〈一者〉の古典的ヴィジョン（大いなる〈一者〉としての神）から、純粋多の思考へと、新しさを思考することの難しさへと移行する必要があるのだと思います。そのとき哲学史は、哲学が根本的な問いを提起する変化の歴史となります。かつての形而上学は、存在しないものに照らして存在するものを、多に対立する〈一者〉を、さらには、感性的なものの有限性から際立つ神の無限性を一般に扱っています。今日わたしは、根本的な問いは、存在（あるもの）と出来事（到来するもの）との懸隔に関わると考えています。いずれにせよ、哲学においてはいつもそうであるように、それはわたしの個人的な選択なのです。自らの問いのネットワークを出発点とするプログラムを実現することを、哲学者はつねに自らに課しているのです。

命題9

存在についての可能な学問は二つしかありません。あなたが神は実在すると考えるのであれば、〈一者〉の形式についての学問が存在する必要があります。それは神学と呼ばれます。他には、多の可能なすべての形式の学問だけが存在します。それが存在論です。

存在論のあらゆる形式を逃れるがゆえに、それぞれの詩は出来事の名であるのです。たとえば、われわれが手にする一つの例はフランスの詩人のポール・ヴァレリーによって与えられます。詩のタイトルは「プラタナスに」です。この詩は、風景や土地の純粋対象のイメージのなかに巨木を閉じ込めようと試みる物語です。したがってそれは、その巨木に出来事を割り当てることではなく、ありのままの世界の静謐な力を割り当てることなのです。

幹を傾けて、篠懸《すずかけ》の大樹よ、裸身を　お前は見せてゐる、
　スキチアの若人《わこうど》のように白皙《はくせき》だ、
けれども　お前の純白な白さは　捉へられてゐる、お前の足は
　繋《つな》がれてゐる、風景の力によって。(2)

木がそれ自体の美しさのある種の犠牲となり、土地の虜となっている様子がわかると思います。われわれはその純粋な客体化を目の当たりにしているのです。
しかし、この詩の最後には、この客体化にたいする木による反逆を眼にすることになり

ます。木は光り輝く囚人であることを望まず、出来事の、暴力的な出来事、嵐のような動乱の一部になることを望むのです。そして彼はこう答えるのです。「いやだ。わたしは構造のなかの単なる一片であることを受け入れない」と。

——否、と樹は言ふ。その崇高な頂《いただき》を
燦々と耀《かが》かして　否、と言ふ
その頂《いただき》を　大風は、一様に草を薙《な》ぎ伏すごとく
ただ　遍《あま》く　薙ぎ倒すのみ。(3)

(2)　ポール・ヴァレリー「篠懸の樹に」鈴木信太郎訳、『ヴァレリー全集1　詩集』落合太郎・鈴木信太郎・渡辺一夫・佐藤正彰監修、筑摩書房、一九七九年、一三六ページ。

(3)　同上、一四一ページ。「否、と樹は言ふ」に以下のような訳者による註一五がある。「『——否、と樹は言ふ。』——詩人は篠懸の樹に、自分の代辨者となることを要請した。何となれば詩人はこの樹に於いて、肉體を鎖で縛られて呻いてゐる人間の霊魂の象徴を見たからである。併しながら、篠懸の樹が到る所に於いて嵐に嘲弄される玩具であるとは言へ、詩人に委任しようとする隠喩的な役割は斷じて引受けない。彼は彼自身であることを欲するのである〔ファビュロー註解〕。」

命題10

存在論は、数学の言語と論理のなかでしか、完全な仕方で思考することはできません。この学問は文字の力能を利用することができるのです。なぜなら文字は、存在するものの意味や存在するものの法則とは関係がないからです。文字はただ、存在するものの可能な形式と、これらの形式のあいだの可能な関係を記し、思考し、分類することに関心をもちます。数学が逐字的でありうるのは、数学が特異であるものには決してかかわることはなく、もっぱら、特異性がまとう形式の不変性にのみかかわるからです。

哲学は、真理を存在と出来事の混ざり合ったものとして思考するのであって、ある種の数学の詩情化のようなものなのです。

命題11

数学は自然法則を定式化するために用いることができます。なぜなら、自然に属するどんな特異な対象も等しく、かつ主としてかくあるものとして存在するものの諸部分であるからです。実在するあらゆる対象は、多の可能な形式において存在します。これこそ、数学が物理学の基礎存在論を思考し定式化する理由なのです。

十九世紀と二十世紀の大部分において、一方では実証主義、その結果として科学が君臨し、他方では歴史、その結果として政治が君臨したことで、ヘルダーリンからパウル・ツェランまで、すなわちランボー、マラルメ、トラークル、マンデリシュターム、ペソア、スティーヴンス、バジェホ、[4]その他少数の詩人を含むような詩人の時代が生まれました。この時期、詩情は、通常であれば哲学の領域に属する仕事を、つまり予見不可能なもの、不可能なもの、偶然の働き、ヒロイズムの新たな像に属するあらゆるものを思考することを引き受けたのです。

(4)　フリードリッヒ・ヘルダーリンは、十八世紀末から十九世紀前半のドイツ語の詩人。ヘーゲルやシェリングの同門で、後の詩人と哲学者に多大な影響を与えた。パウル・ツェランは、二十世紀後半のドイツ語の詩人。ゲオルク・トラークルは、二十世紀前半のオーストリアの詩人。オシップ・マンデリシュタームは、二十世紀前半のポーランド出身のユダヤ系詩人。詩集に『石』、『トリスチア』などがある。フェルナンド・ペソアは、二十世紀前半のポルトガル出身の詩人。ウォレス・スティーヴンスは、二十世紀前半のアメリカの詩人。セサル・バジェホは、二十世紀前半のペルーの詩人。

命題12

哲学は、〈一者〉の形式についての宗教的な学問である神学を超えて位置づけられなければなりませんが、多の形式の世俗的な学問である純粋な存在論（つまり数学）をも超えて位置づけられなければなりません。哲学は、存在するものだけではなく、存在しないものの存在を、そして存在するものにたいする存在しないものの効果をも思考することが問題になったときに始まります。したがって哲学は、出来事を思考し、到来するものと消滅するものの重要性を明晰にするのでなければなりません。なぜならこれらすべては多の形式には還元できないからです。出来事は具体的な文脈のなかでの出来事であり、したがって、出来事は本性上詩的なものなのです。だからこそ哲学は詩情の分野で起こることを知らなければならないのです。そこから、詩情と愛のあいだの非常に緊密な関係が生じるのです。というのも愛は、普遍的で創造的な人間の生において到来しうることの主要な例だからです。

二十世紀末、コミュニズムの第二期（社会主義国家の時期）の失敗と、（経済的利益に委ねられた）科学の危機が、哲学の独立性を回復し、詩の時代を終わらせたのです。

命題13

哲学は数学的存在論を正確な仕方で認識しなければなりません。そのためには、多のあらゆる可能な形式の思考を、とりわけ無限の形式に基づく深遠な近代数学理論を理解することが哲学の責務であるのです。しかしながら、哲学は存在するものだけの思考ではなく、存在するものに到来するものの思考でもあります。それは存在だけでなく、出来事についての思考でもあります。それは可能なものの形式のみではなく、ある瞬間には、不可能なものとみなされるものに形式を与えるものの思考でもあります。だからこそ今日、かつてないほどに、詩人たち、とりわけ詩人の時代の並外れた詩人たちの省察ぬきには、その名にふさわしいいかなる哲学も存在しないのです。

哲学とはある存在状況における出来事から生じる真理の実在にかんする省察です。真理は、新しいなにものかであって、なぜなら真理はつねに、一方では状況に属する多と、他方では状況に生じる出来事とから合成された構築物だからです。この関係は決定的です。

というのも、出来事の結果は、存在の内部での新たな真理の出現を、すなわち四つの条件（科学、芸術、愛、政治）の枠組みにおける真理の創造をもたらすプロセスの実現だからです。哲学はかくして、詩情（到来するもの、出来事）と数学（存在するもの、存在）のあいだに位置しているのです。

第三部　存在論と数学

1　哲学とその諸条件

ご存知の方も多いかと思いますが、わたしにとって、哲学は、真理の諸手続きが実在するかぎりにおいてのみ実在し、かつ哲学は真理の諸手続きの歴史的状態という条件のもとにおかれるのです。わたしは真理を、人類が数千年以上にわたってその生産性を示してきた四つの大分類、すなわち科学、芸術、政治、愛に分けました。

そのとき問いは、哲学の長い歴史をとおして、哲学とそれら四つの条件とのあいだの繋がりをいかにして探求するのかを知ることです。わたしがここで要約しようとするのは、われわれが受け継いできたような哲学の歴史的コーパスの調査においては、三つの異なるプロセスに従事しなければならないという困難なのです。

第一のプロセスは、哲学史のあらゆる瞬間において、四つの条件の状態とそれらの条件が特定の場所において哲学に及ぼすインパクトを考慮することです。これはパノラマ的な見方であって、本質的に歴史家の見方です。これによって、哲学的な時代や領土を、多かれ少なかれ実効的な仕方で区別することを可能にします。たとえば、「古代哲学」や、「中世哲学」、あるいはまた主としてアメリカ哲学であるところの「分析哲学」と対立する「大陸哲学」について論じられる場合にはそうです。

第二のプロセスは、一つの条件に内的である問題の標定と結びついています。それは諸条件の完全な装置と哲学のあいだの先行する関係全体を修正するものです。紀元前五世紀頃、「通約不可能」な長さの発見によってもたらされた数学的変異が、ギリシア数学を、ピュタゴラス算術からエウドクソスとエウクレイデスの幾何学に移行させ、それが哲学をして、調和の探求から断絶の理論へと移行させたという事例ははっきりしています。フランス革命の政治的影響を思い出すこともできるでしょう。それはフィヒテ以来、ドイツ哲学に弁証法的なものを根本的に作り直すことを課し、否定性の創造的な力に光をあてることになりました。

第三のプロセスは、哲学が、したがって第一に哲学者が、哲学それ自体の観点から、四つの条件のうち少なくとも一つのダイナミクスに介入する可能性のうちにあります。これが哲学の諸条件にたいする哲学からの遡及的プロセスです。プラトニズムが、長い目で見れば、宮廷精神の時代に、愛の社会的ヴィジョンに影響を与えたこと、あるいはヘーゲル弁証法が、マルクスが創設したコミュニズム的政治にたいして重要な構成要素であったことは疑いありません。あるいはまた、エピクロスから派生する唯物論的で自由主義的な哲学の影響を、モリエールなどの演劇作品のなかに辿ることができるでしょう。

これらはいずれも、「条件」という語が、「原因」という語から区別されるということを思い出させてくれます。結局のところ、芸術、科学、政治、愛、そして哲学という五つのプロセスが互いに絡み合っているわけですが、哲学が他の四つの条件、それらはそれら自体で実在することのできる四つの条件とともにしか実在できないという特異な位置を占めていることは明らかにしておかなければなりません。

2 「状況」

三十年前、政治においてスローガンを作るように、わたしが「存在論とは、数学である」という公式を広めたとき、その成功を疑うことはありませんでしたが、その不都合な点を正しく予想することができませんでした。なぜなら、結局のところ、この公式は際立っているという長所がある一方で、近似的であるという不都合さがあるからです。典型的な哲学的概念である存在論という概念を、ある種同一化的に粗野なやり方で、特定の科学の装置である数学に結びつけることで、この公式は哲学とその条件のあいだの複雑な特徴を十分に考慮に入れていないのです。したがって、わたしの導入的考察から、数学と哲学の関係に立ち戻ることにしましょう。

第一節でわたしが定義した三つのプロセスの第一のものから、つまり四重の条件の大域的な歴史から出発しましょう。五十年前ほど前、二十世紀の後半のフランスでわたしに現れたような四条件は、哲学の分野においてどのよう仕方で作用するでしょうか。どのような発明が、どのような創造が、どのような問題が、わたしの関心を引き付けるのでしょうか。

一、数学の生成において、それはポール・コーエンの仕事です。それは、強制法の理論とジェネリック集合の概念によって、一九三〇年代と一九四〇年代におけるゲーデルの天才的な発明にかかわる仕方で、集合論を手直しするものです。それはまた、数学の分野において、対象の概念を関係の概念に置き換えることをめざすカテゴリー論への真のブレイク・スルーでもあります。

二、政治において、われわれは対照的な決算報告、つまり一九六〇年代と一九七〇年代の大学の若者と労働者階級を活気づけた大規模な、ほとんど世界中を巻き込んだ大衆運動——とりわけフランスにおける六八年五月と、中国の文化大革命——の決算報告を手にしています。この決算報告は、これらの運動の全体的な失敗に最終的には支配されています。その失敗は、ロシアと中国を含む社会主義国家の破綻と、同様にこの破綻からコミュニストが引き出すべき教訓を伴い、それを命じるものです。

三、芸術分野においてもっとも一貫して持続的な新奇性を見出すことができるのは、パフォーマンス・アートやインスタレーションをふくむ造形芸術〔視覚芸術〕の分野です。パフォーマンス・アートとは、アーティストの身体をその作品の決定的な要素とする芸術であり、インスタレーションとは、空間構造の暫定的および局所的な次元を記録するものです。どちらの場合も、美学的なアレンジメント全体を暫定的なものとし、芸術作品を時間や空間のなかで相対化し、芸術作品が客体的で永遠的な価値をもつのだという考えに終止符をうつことが問題なのです。

四、愛においては、性愛の領域における新しい社会的自由、家族の正統性の危機、女性の解放、避妊手続きの合法化、実存の祝祭的な見方の促進、単なる欲望が主張された権利として自律することがあります。これらすべては、愛の紐帯の不安定化へと収斂しているのであって、いわば「デート・サイト」によって、その価値とその利用された出来事性にかんして、ある種の商業的計算へと収斂しています。しかしながら、「存在、それは出会いにおいて直面することになる愛である」という、愛を主体の存在論の可能な場所とする有名な公式とともに、愛についての精神分析的観点のラカンによる手直しが、別のところでは働いているのです。

こまかくみていくと、これらの質料的‐条件的なもの matériaux-conditionnants は、「哲学」として提示されるものの領域において、ごく自然な仕方で、二つのタイプの帰結を導きます。一方は文化相対主義であって、それは帝国的で虚構的なものとされる普遍的真理の概念にはもはや余地を残しておらず、また言語的・文化的多様性、地球規模の斑模様、多種多様なアイデンティティのほうを、グローバルな要求をもつ偉大な構築物よりも体系的に好みます。他方で、思考よりも行為を、組織よりも運動を、理念よりも直観を、構造よりも生を、グローバルな価値よりもローカルなアプローチを、弁証法的二元論よりも、複合的な多を、否定性よりも肯定性を是とする教義が発展します。要するに、プラトン、デカルト、ヘーゲルよりもヒュームやニーチェに回帰する教義であって、ドゥルーズが完全にこれを達成したのです。

しかしながら、わたしの哲学本来の欲望は、この「状況下」にある同じ素材から出発して、自然に支配的であり、また大部分において共犯的である二つの傾向性に抗して、これらの支配的な流れがその成り立ちから排除する諸問題を新たな仕方で組織化する思弁的な議論をそこから選り分けることにあります。すなわち、存在、真理、主体の問題です。そして、われわれが出発したのは存在論からだったのですから、まずはそれから始めましょう。

3　いくつかの存在論

この問いの歴史の文脈のなかで、存在としての存在についてのわたしの思想の仕事について考えるなら、最終的に「存在論」と名付けられたものにかんして、ちょうど六つの可能性を区別することができることがわかります。

まず、最終的に否定的である以下の二つの立場があります。

一、存在概念は空であり、その概念にはいかなる意味作用もない。この立場が今日の支配的な観点であるのは、すでにわたしが述べた理由によります。それは常に懐疑論的な立場であって、オーギュスト・コントにみられるように、実証主義の立場でもあります。それは生命論のはっきりした立場でもあります。また、ヴィトゲンシュタインの立場と現代のアメリカ分析哲学の立場でもあります。これらいずれの思想家たちにとっても、「存在」という語は実際のところ「あれやこれが存在する」という動詞の非合法な実体化（＝主語化）なのであって、この実体化は純粋な無－意味を生み出すとされます。

二、〔第二のものは〕存在という概念が意味をもち、それは肯定的な価値をもちます。しかし、その内容について実効的な認識をもつことはわれわれにはできません。「物自体」はわれわれの認識能力の外に位置づけられています。これはよく知られるようにカントの立場ですが、最終的には、ハイデガーの「歴史的な」立場です。そこでは現代のニヒリズムは技術の支配的な暴力と結びついていますが、その暴力は（プラトン以来の形而上学がそうしてきたように）、われわれに存在の真の意味を、その使命を忘れさせただけでなく、この忘却それ自体をわれわれに忘却させたのです。それゆえわれわれは、存在の意味からだけでなく、われわれを歴史的に構築するところのこの意味の問いからさえもまったく疎遠なものとなってしまったのです。

次に、肯定的な立場が四つあります。

これらはすべて、「存在」という語がある実在的な意味をもち、この意味にたいして、真であり、基礎づけられた認識をもつことができると主張します。しかし続いて、この第一の主張は、本質的に区別され、根本的には対立しさえする仕方で分岐することになります。

三、第三の立場は、一神教の様々な形式に道を開くものです。すなわち存在は、明示的かつ集中的な仕方で、〈一者〉の、〈大いなる一者〉の、〈無限〉としての〈一者〉の形式で与えられます。これはほとんどの場合、古典期の形而上学の立場であって、これをハイデガーが「〈一者〉による〈存在〉の臨検」と定義したことは間違っていません。実際それは、すでにアリストテレスの立場であって、アリストテレスにとって存在は神の超越における「純粋な作用〔=純粋現実態〕」として示されます。そして存在の意味の贈与の道は、アリストテレスにおいては、存在としての存在という〈一者〉の実在の証明という、長いあいだ支配的なものとなる哲学的な形式をとります。しかしながらまた、神秘的な潮流も存在することになるのであって、それにとって存在の超越へのアクセスは生きた経験であって証明ではなく、その経験の語りは、論理‐数学的であるよりも、詩的なものとなります。この潮流は、十字架の聖ヨハネの場合にみられるように、芸術の条件に属するのであって、たとえばマールブランシュの場合にみられるように、科学の条件には属していません。しかしそれらいずれの場合においても、生‐思考は、〈無限‐一者〉への上昇という形式、つまりアリストテレスの〈純粋現実態‐一者〉の近代的形式においてしか、存在に到達することはありません。

四、第四の方向性においては、存在は、合理的あるいは超脱的《エクスタティーク》な〈神‐一者〉の超越としてではなく、己自身の単一性にまったく内在的な、己の多数の表現を編入する己自身の全体性として与えられます。この方向性の出発点はパルメニデスによって与えられているのですが、彼は非－存在の非実在《イネグジスタンス》から、すべての見かけ上の実在がその非実在的な断面であるところの存在の一－絶対性を結論づけています。この見方の思弁的な極みは明らかにスピノザの体系において実現されています。そこでは実体（あるいは自然）の単一性が証明されており、その実体は、それ自身の内部においてそのあらゆる存在が〈一〉なる実体から派生するところの多様な様態を惜しみなく与えるのです。ヘーゲルは内在的な方向性の動的なヴァージョンを提案しています。そこでは、絶対としての存在は、それ固有の多形的な生成と同一なのです。存在は、即自の弁証法的生成であって、絶対知がこの生成の循環的な再演《レキャピテュラシオン》＝復習を行います。

五、第五の方向性においては、存在は、統一的な全き全体化としての〈一者〉の全き超越性を省くことによってのみ思考可能なものとして与えられます。存在とは、実際、空を根拠とした、純粋な多なる散乱なのです。言い換えれば、一者（空《ヴィド》）は、非－存在の側にあるのですが、存在は即自のアトム的な散種なのです。デモクリトス以来、これは唯物論的と言われうる方向性であって、アトムの物質性と空におけるアトムの組み合わせに利するよう、存在の意味全般を省くのです。エピクロスとルクレティウスがこの方向性を標榜しています。

六、第六の方向性は、最後に、存在の真の思考は超越的な〈一者〉にも、内在的な〈一者〉にも、アトム的な散乱にもないと主張します。なぜなら、存在とは関係のあいだで、関係を変形し、結びつける関係や運動以外のなにものでもないからです。いいかえれば、存在とは、関係のあいだの関係から成り立っているということです。これは、ヘラクレイトスの立場であり、より最近では、ニーチェ、ベルクソンあるいはドゥルーズの立場となります。この立場は、今日、カテゴリーの数学によって血液を送られています。とりわけ、カテゴリー論は、諸関係のあいだの関係の〈関係〉としての存在の図的《ディアグラマティーク》な思考を提案しています。そのようなものが、ファンクターの根本概念や、その層への体系的な組織化が要約している方向性なのです。

存在論とはなにでありうるのか、ということに関する哲学的な遺産がこのように複雑に絡み合っているからこそ、諸条件の現代的な状態によってわたしの見方を武装したうえで、わたし自身の方向性を選択しなければならなかったのです。もちろん、「選択する」とはここでは比喩的なものでしかありません。というのも、方向性は、六つの可能性のなかから平静な仕方で選ぶというよりも、哲学者の主体に課されるものだからです。そしてわたしの選択は以下のような、数学よりも政治によって生じたわたしの確信によって課されるのです。すなわち「唯物論的」存在論を、すなわち、あらゆる超越性とは無縁でありながら、存在するものの明白な多数性の存在論を、そして、隠された、実のところ最終的には思考不可能な〈一者〉を指示することしか決していない「物資《マティエール》＝質料」という一貫した概念を省く、そうした唯物論的存在論を提案しなければならないという確信です。そして、若きマルクスがすでにそれを行ったように、わたしも第五の方向性へと向かいました。つまり、存在とは、〈一者〉なき、「物質」や「精神」といったタイプの特定の属性なき、純粋な多でしかないということの肯定です。

根本的なのは、思考の運動の内部にこそ、わたしは数学的条件へと立ち戻り、わたしの思弁的決断を可能な限り厳密に構造化するものがそこに見出されないかを求めたのです。そしてわたしはそれを集合論のなかに見出しました。というのも、わたしはこの理論を、とりわけZFCタイプの集合論〔ツェルメロ＝フレンケル集合論〕の公理化においてなのですが、〈一者〉もなく、特定の質ももたない可能なあらゆる多の形式の体系的研究にほかならないものとして解釈したからです。そしてわたしは、わたしの原初的な存在論的決断の可能な形式的基礎付けを備えて、哲学へと戻ったのです。

それゆえわれわれには、ある種の循環的な道があるのであって、それは存在論の問いに関する哲学史、哲学–における–主体であるわたしという存在、数学の条件という現実の状態、再びわたしという哲学者–存在、そしてそれが存在論的問いに関する哲学史へと組み込まれることになるという経路を含みます。この循環性を、以下のように言うこともできます。すなわち、存在論の可能性の状態、この可能性に関する(わたしによって)なされた哲学的な決断、数学の条件への遡及的運動、存在論的決断に適合的な形式をそこに見出す哲学–数学的決断、一なき多とその変奏の概念の数学的形式化による、第一の決断へのこの第二の決断の備給、新たに仮定された存在論的命題の哲学史への組み込み(『存在と出来事』という本)〔といったように〕。

この循環的運動においては、わたしの数学の利用とわたしの哲学的決断を切り離して検討することはたしかにできません。しかしそこから、「存在論=数学」という方程式を引き出すこともまたまったく不可能です。なぜなら、最初の決断の命題、つまり「存在とは一なき多である」という命題は、いかなる仕方でも数学的命題ではないからです。そして現代集合論による迂回は、この最初の命題の妥当性を証明するには値しません。数学と哲学のあいだで組織された同盟は、その結果を観察するときにのみ、強化されます。そしてこの帰結に十分踏み込んでこそ、その射程は実際に評価されうるのです。数学においては、ジェネリックな部分集合にかんするコーエンの定理の高みにまでは少なくとも進まなければなりません。そして哲学においては、わたしの話題の思弁的な広がりは、存在と出来事のあいだの弁証法においてのみ読解可能であり、それは実際には、公理的決定とジェネリック性とのあいだの、あるいはまた一定の諸特性によって特異化された多とこれらのあらゆる特性をそれらから減算することによって普遍化された多とのあいだの弁証法を意味しているのです。

4　存在と出来事

以上の長い前置きによって、新たな条件のもとで、今日でも非常に議論され、批判されている中心的な問いへと立ち戻ることができるのです。すなわち、わたしの哲学的議論において集合論の正確な機能とは結局のところどのようなものであるのか、という問いです。

この問いには次のように答えることができます。ZFCの数学体系は、哲学者に、（一をもたず、「質料」「精神」「アトム」「流れ」などのタイプの経験的な述語をもたない）純粋な多のあらゆる可能な諸形式の明晰にして厳密な科学的認識を提案しているのです。これらの形式は、（「集合」という）匿名の諸要素によって、それ以外のものはなんであれ排除した仕方で排他的に定義されています。というのも、集合の要素はそれ自身もまた集合であるからです。集合とはなにかについての定義が存在しない、つまり他の形式以外のいかなるものによっても構成されない、存在の純粋形式の関数と一貫しているものについての定義が存在していないのです。形式の「贈与」は、そのような形式とはなにかということを同定できるために合理的で、必要ないくつかの性質を特定する諸公理によってのみ、なされます。「所属」と呼ばれ、∈と記され、たとえば $x \in y$ と書くところの基本的関係は、集合 x が集合 y の要素であるということを登録します。関係∈は、ユニークなものとみなされえます。つまり、ZFCにおけるあらゆる他の関係は、古典論理の形式的文脈のなかで、実際、それによって定義されなければなりません。最終的に、公理系は規定された論理的文脈のなかで関係∈の諸性質を固定するのであり、そこから、純粋な多の集合論的形式の他の諸性質、すなわち「推移的である」、「無限である」、「整礎である」、「順序である」、「他の集合の部分集合の集合である」、「関数である」、「ジェネリックである」、「到達不可能基数である」などの種類の諸性質を定義することが可能になります。これらすべての諸性質は、哲学者に、数学的な刺激によって哲学的アリーナにおいて活性化されるかぎりでの存在に固有の資源とはなにかということについて、大きな柔軟さでもって概念的に動きまわるための手段を与えてくれるのです。

存在論的な資源についてのこのような思弁的な探求が、古典論理の文脈のなかを、すなわち――アリストテレスがすでに『形而上学』の第四巻で述べているように――無矛盾律

（命題 p と命題非 p を同時に肯定することはできない）によって、そして排中律（命題 p が整式である場合には、p が真であるか、あるいは非 p が真であるかのいずれかであって、第三の立場は存在しない）によって本質的に定義される文脈のなかを動くことがなぜ必要であるのかと問われましょう。哲学的な答えは次のようなものにとどまっています。すなわち、存在論にかんする命題の大部分は、パルメニデスが厳かに述べるように、不条理による推論〔帰謬法〕を必要としています。パルメニデスは実際、存在だけがあるということを直接的に示すことは不可能だが、非‐存在がないということを証明することでこの命題を確立することができると主張することから彼の思弁的な歩みを始めます。彼の学派では、しかじかの形式の純粋な多の実在は直接的な仕方で証明することができないと、しばしば集合論において確認されます。数多くの形式が、構成的で、可能であれば直観的である存在証明をもつことができません。反対に、「もしこの多の形式の実在を否定するなら、そのことは、真であるとわたしが証明した先の命題の妥当性をも否定することになる」という種類の結果にたどり着くことはありえます。このとき不条理による推論〔帰謬法〕は、問題になっている多の形式が実在することを結論付けることを可能にしているのです。また、次のように公式化することのできる最大許容規則を認めることもできますし、そうすべきです。「もしこの多の形式が、たとえばあるタイプの無限の多という形式が、形式言語で明晰に定義されうるなら、それの実在を否定するいかなる証明も存在しないかぎりは、その実在を受け入れることができるし、また実際には、受け入れるべきである」。あらゆる点で、所属∈という基本的関係には、存在論的な意味で、古典論理の印章が刻印されているのです。実際、集合xと集合yが与えられるなら、$x \in y$か、$\neg(x \in y)$かのいずれかなのです。つまり、第三の仮定は存在せず、したがって古典論理の特徴でもある第三項排除の法則〔排中律〕のもとにあります。わたしの思弁的な言表とは、したがって、存在論とは古典的である、ということになります。

あとは、古典集合論の諸公理、すなわちZFCの理論が、哲学的な正統性を主張することができることを示さなければなりません。わたしは奇特にも、ZFC公理系の全体にたいしてそれをやったと思っています。ここでわたしは例を三つだけ、ただし一部の哲学者を含めて最も論争の多いものだけを取り上げることにしましょう。

第一の例。存在論に固有の理由から、疑わしく、直観に反し、しばしば悪しざまに言われる「選択公理」を──しかしこれはZFC公理系を特徴づける重要な公理の一つなのですが──わたしは確認します。この公理が言うのは、──どのような集合でもかまわないのですが──集合からなる集合が与えられるとき、これらの集合のそれぞれからたった一つずつの要素を示すことができる関数がつねに実在するということです。言い換えれば、要素 $x_1, x_2, x_3, \ldots x_n, x_{n+1}, \ldots$ をもつある集合 A が与えられるとき、要素 $x_1, x_2, x_3, \ldots x_n, x_{n+1}, \ldots$ のそれぞれから、その要素を一つだけ「抽出」する関数 F が実在するということです。つまり、A のどの要素 x_n にたいしても、その x_n のひとつの要素である $F(A)$ の唯一の要素であるような $y_n \in F(A)$ をもつということです。関数 F は、A の諸要素のそれぞれからひとつの要素を「選択」します。つまり、$F(A)$ は、A の各要素から選ばれた代表者による国民議会のようなものであって、F はある意味では、これらの代表者を指定する選挙手続きのようなものだといえます。

有限集合を扱っているかぎりは、選択公理は選択上の問題を引き起こしません。しかし、無限集合においては、無限集合の無限な要素のそれぞれの要素に、ある代表を結びつける関数をどのように定義するのでしょうか。ほとんどの場合、無限集合から、そのような無限の代表者を抽出することのできるよく定義された手続きが実在することを証明することはできません。選択公理が問題視されるのは、構築することのできない手続きが実在することを主張するからです。実際、無限集合の場合には、選択公理は、最初の集合の無限個の要素から、それぞれ一つの要素を同時に選択した結果であるような、特定の無限が実在することを主張します。しかし、この集合の実在は、一般には証明したり構築したりすることはできませんし、その実在は、選択公理によって、アプリオリな原理としてのみ保証されるのです。

しかしながら、わたしは三つの哲学的理由によってこの公理を受け入れます。

第一の理由とは、わたしが「最大性の原理」と呼ぶところのものです。すなわち、明晰に定義された多のすべての形式は、その否定が証明されないかぎりは、世界のなかで、可能的に実在的なものとして受け入れるべきである、と唯物論的存在論は措定します。制約の理由が実効的な仕方でその要素を構築するわれわれの有限な精神の能力にのみ関係しているのだとすれば、他の形式の実在のあらゆる制約は、存在論的に受け入れがたいものとなってしまうでしょう。これでは相対主義的な経験論に陥ってしまいます。多なる存在のある形式を構築することのできないわれわれの無能さは、その実在を否定する正当な理由にはなりません。反例がないかぎり、選択公理は妥当なものとしてみなされなければなりません。選択公理とは、他の多の「代表」として明晰に定義された多を提示するものであって、それ自体で興味深いものであり、また現代の解析学においても実践的に必要なものであることが示されているのです。

第二の理由は論理的なものです。カテゴリー論の文脈で作用するディアコネスクの美しい定理[5]によって、選択公理は、われわれがそう望むとおり、論理学が古典的であることを課すのです。それゆえ、選択公理を否定することは、論理学が古典的ではないという可能性を開くことになりますが、これは存在論的には受け入れがたいことです。

第三の理由はメタ数学に近いものです。すなわち、ゲーデルは、(選択公理をもってい

(5) Diaconescu, Radu (1975). "Axiom of choice and complementation". *Proceedings of the American Mathematical Society*. 51 (1): 176–178. 集合論において選択公理を前提することが排中律を帰結するということの証明を完成させるのに役立つ定理とされる。上記論文の要約には以下のようにある。「選択公理をともなう集合論の直観主義モデルは、古典〔論理〕的モデルにならなければならないことが示される」。

ない）ZFが一貫的である（内的に無矛盾である）ならば、そのとき（選択公理をもつ）ZFC理論は、同様に一貫的であるということを証明しました。それゆえ、この公理を認めることそれ自体には特別なリスクはないのです。

最大性の原理、論理的古典主義の保証、文脈的一貫性への適合、これらの例として、選択公理は、思弁的存在論の貴重な原理なのです。

第二の例。主に哲学的理由によって、基礎の公理をわたしは受け入れます。この公理は、どのような集合も、その集合といかなる共通の要素ももたない少なくとも一つ（あるいは複数）の要素をもつというものです。言葉よりも式のほうが明晰であると思う人のためには、基礎の公理は次にように書くことができます。

どの集合 x にたいしても：$\forall x$

少なくとも次のような一つの集合 y が実在する：$\exists y$

その y とは最初の集合〔x〕の要素であるような y であり：$y \in x$

また、その y の要素であるような z があって：$z \in y$

かつ z が最初の集合の要素ではない：$z \notin x$〔そういった y が x にたいして実在する〕

以上の後で、これらを一つの式として読みうるように書くと、母語で同じものを言明するよりもずっと短く書くことができることに気がつきます。すなわち $(\forall x)(\exists y)[(y \in x)$ et $[(z \in y) \rightarrow (z \notin x)]]$ です[6]。

哲学分野において――そしてすでに政治的真理あるいは愛の真理の諸条件においても――例外的に重要であるのは、これが次のことを主張しているからです。すなわち、〈他者＝異〉は、存在論的には、あらゆる〈同〉のうちに現前しているということです。実際、あらゆる多の形式は、それ自身の合成である多‐存在が己とは異なるような要素を認めています。また次のように述べることもできます。すなわち、基礎の公理は否定の内在性を主張している、つまり、ある存在点がどのような多の形式にも実在しており、それはこの

(6)　どの集合 x にも、それ自体は x の要素であり、かつ x の要素ではないような集合 z を要素として持つような y が少なくとも一つ存在する。

形式それ自体の領域には属していないということです。そこから、真理についてわたしの哲学においては、いかなる真理も厳密には自己同一的であることはできないということが帰結します。したがって存在論的には、純粋な全体性というものは虚偽であって、政治の観点からは、このことは特別重要な帰結をもちます。要素zは根本的に異他的な立場である、つまりたとえば民族主義や同一主義といったあらゆる立場に抗して、他なるものはつねに同一性のなかに住まうということです。数学は規範的学問ではないのですから、存在論はここではいっそういかなる規範性ももちません。存在論は単に次のように述べるのみなのです。存在にかんするかぎり、非規範的で、絶対的な一般性において思考された中性的存在、異他性といったものがつねにそこに現前しているということです。したがって、すべてのフランス人が純粋にフランス人であると述べることは、存在論的に間違っているということです。本来的かつ還元不可能な仕方で混合的であるのに、なにゆえ同一性にこだわるのでしょうか。地平とは普遍性です。いいかえれば、「真理」と「普遍性」は分離不可能だということです。

基礎の公理からは、$x \in x$という純粋に反射的な命題をわれわれがもつことは決してできないということが帰結します。これはそれほど難しくなく証明することができます。このことが哲学的に意味しているのは、いかなる多の形式も、それである多の形式の要素にはなることができないということです。要するにこれは十分に明晰です。形式は、存在論的には、非‐存在としての非‐形式 in-forme との戦いであるのですが、形式はこの戦いのなかで、それ自身によってかつそれ自身においてすでにそれ自身であることを自ら肯定することができません。「x∈x」という命題の絶対的不可能性を、主体の理論の側で解釈することもできます。この不可能性が述べているのは、統合的であるようないかなる反射性も実在しないということです。あるいはまた、あらゆるコギトは、部分的であるとも述べているのです。これについて、あなたはあなたに完全に属しているわけではないという、フロイトと無意識について考えてみることができます。

第三の例。最終的にわたしは無限公理をいかなる制限もなしに受け入れます。この公理は、無限集合が実在していることを主張するものです（そして、他の諸公理の結果によって、無限タイプの無限列が実在することを主張します）。この公理は、無限である多の形式が実在しているが、それが可能であるのは、無限という概念を厳密に定義するかぎりでのことだと述べることに帰着します。そのような定義を提示するやり方は複数実在します。それらはどれも操作的であり、「無限とは、とても大きいということだ」といった類の曖昧で、反直観的なアプローチは避けられます。これらの定義のなかで最も共通しているのは、集合上の操作を定義することからなるということと、この操作は停止することなしに繰り返されるということです。

たとえば絶対的に任意である集合xがあるとして、その集合の要素がxであるとするなら、それはxのシングルトンと呼ばれ、$\{x\}$と表記します。xは以下のような理由によって必然的にシングルトン$\{x\}$とは異なるという一文を思い出しましょう。すなわち、もし$\{x\} = x$であるなら、それは$\{x\}$が基礎の公理に従わないということを導きます。実際、この公理に従うなら、シングルトンそれ自体といかなる共通部分ももたないシングルトンの要素が存在しなければならないことになります。シングルトンの要素はxだけです。したがって、シングルトンの要素ではないxの要素がそこに存在していなければなりません。もしシングルトンがxと等しいのであれば、xの要素ではないxの要素が実在するという矛盾に至ることになります。したがって、基礎の公理をわれわれが仮定するがゆえに、{x} ≠ x であることになります。

これらの条件下において、以下のような無限集合 Inf の実在を主張しましょう。すなわち、$x \in$ Inf であるなら、常に {x} ∈ Inf でもある。こうすることで、x, {x}, {{x}}... といったタイプの集合を、Inf に含まれる「全体」であるところの停止点をもたない仕方で繰り返す操作が開かれるということは明らかです。そのとき Inf は多の無限形式であることに同意することになるでしょう。

無限集合の絶対的に基礎的な特性は、無限集合の厳密な部分集合が無限集合それ自身と同じ大きさでありうるということです。ギリシア数学の公理に、「全体は部分よりも大きい」というものがありますが、これは多の無限形式にたいしては妥当しません。実際それは無限集合の最も直観的な事例である正の整数の集合（＝自然数）にたいして、つまり1、2、3といった古き良き「自然な」数について、いわゆる「全体は部分より大きい」という公理が無限においては偽であることを見ることは、ガリレオが力説したように、とても簡単なことです。実際、たとえば偶数の数は、数そのものと同じだけあります。どの数もその二倍の数と対応付けることができますね。1を2に、2を4に、そして以下同様に。そして無限の自然数の全体である1, 2, 3,... n, n+1,... を確かに偶数の全体である2, 4, 6,... 2n, 2(n+1),... に対応させることができます。そして、偶数は自然数の厳密な部分集合であるにもかかわらず、そうなのです。つまり、この部分集合は、全体と同じ大きさであるということです。

さらにいえば、わたしの見解では、無限公理を受け入れる最大の理由は、一般的には有限なものに制限されているわれわれの直観を超える多の形式の研究に従事することにあります。要するにそこにおいて最大性の原理が適用されなければならないのです。つまり形式的に矛盾がない限りは、明晰に定義されるすべてのものの実在が肯定されるべきであるということです。なぜなら、われわれの初等的な直観に、存在としての存在を測ることのできるいかなる根拠もないからです。

しかしながら、様々な純粋な多の形式を研究するこの数学の部門の条件のもとで定義された存在論は、特定の世界における特定の真理の創造がなにであるのかということの認識の可能性を存在論にもたらすものではありません。たしかに多の形式がなにであるのか、存在するあらゆるものの存在とはなにでありうるのかという思考は必要です。実際、あらゆる学問が多かれ少なかれ数学なのです。ラカンは、精神分析は理想として数学をもつと結論することとさえしました。しかし、どのような真理の理論も、真理の主体の理論も、存在としての存在についての思考でもって武装することで、世界の特異性に、そして創造的思考にそれが材料として提供するものの特異性に、等しくそれの目的を刻み込まなければならないのです。

したがって哲学は、特異な世界、普遍的な価値をもつ主体化された過程のなかで、なにが存在しうるのかということの一般理論をそれらの諸条件から引き出し、概念に変換しなければなりません。しかしなによりもまず、世界とはなんなのでしょうか。ご存知の通り、世界とは存在論的に多から合成されており、数学によってその形式を思考することができるようになるそれ自身多である定義可能な形式をもっています。しかしこの「合成composition」の厳密で特異な本性とはどのようなものなのでしょうか。

5　諸世界の諸論理

この問いに答えを提案することが、わたしの著作である『諸世界の諸論理』の目的であり、『存在と出来事』を『諸世界の諸論理』から切り離すことは、それを『諸真理の〈内在〉』から切り離すことができなくなったのと同様に、もはや不可能であると考えています。なぜなら、『存在と出来事』によって打ち立てられた諸真理の普遍性は、『諸世界の諸論理』において思考された諸真理の特異性と、そして『諸真理の〈内在〉』において反映された諸真理の絶対性から切り離されることはできないからです。

ここでは、『諸世界の諸論理』における数学的条件の使い方を理解してもらうことを目的として、この本のかなり一般的な特徴のいくつかを紹介するだけにしておきます。

・本書全体の中心的な概念は、与えられた世界における同一性という概念（あるいはまた、与えられた世界における差異の概念）です。同一性の存在論的概念は、厳密に外延的です。すなわち、二つの多の形式は、一方には属するが、他方には属さない少なくとも一つの要素が実在する場合、その場合にかぎり、異なります。そうでないのであれば、それらは同一です。反対に、同一性と、したがって差異の「世俗的」概念は志向的〔内包的〕で、質的で、当該の世界に相対的です。同じ世界に所属する集合 x と集合 y は、対として、最小 μ と最大 M のあいだで多様な同一性の度合いが割り当てられています（二つの対象は、この世界においては実践的に同一です）。同一性の度合いの多様な可能な値は、問われている世界の超越論的なものであるところの秩序構造を割り当てられた世界の対象から引き出されます。

・ある世界に所属する集合は、同じ世界の他のすべての要素との同一性の度合いの観点から見た場合、この世界の対象です。したがって、――世界はその存在においてそれ自身もまた集合なわけですが――その世界の全体性の要素である集合であるということは、集合に属するということが単に存在論的な規定にすぎないという理由のために、その集合が対象であるということの十分な定義にはならないということがわかります。対象性を定義するためには、一般に極めて可変的である、同一性の微分的度合いという質的で可変的な概念を考慮する必要があります。

・世界の対象は、ご存知の通り存在しますが、また実在しもします。規定された世界における対象の現前は、それ自体、度合いを備えており、その度合いとは、当該の対象のそれ自身との同一性の度合いなのです。この度合いは、世界における対象の実在を固定します。実在が最大である（対象の実在の度合いがMである）ならば、対象は世界において「絶対的な仕方で」実在します。反対に実在が最小である（その度合いがμである）ならば、その集合存在が世界の存在に所属しているがゆえに、対象は世界において欠落しているわけではなく、対象は世界の非実在者 inexistant なのです。中間的度合いは、多かれ少なかれ強度的な世界における実在に結びついています。

以上のことをきわめて単純化された形式で説明するためには、いくつかの前置きが必要になります。ハイデガーにおいてそうであるように、われわれが任意の多を「存在者」と呼び、またこの存在者の現れ〔外観〕に、すなわち、この存在者が規定された世界の存在者と言われうるようにするものに関心をもつとしましょう。われわれは存在者を、その存在にしたがう仕方で、いわば規定するもののないその存在を構成する純粋な多にしたがう仕方で思考しようとするのみならず、この存在者がそこで存在する〔現 - 存在する〕かぎりで、したがって世界の地平上に到来し、あるいは現れるかぎりにおいても思考するように求めるのだと仮定しましょう。この世界におけるこのような現れのことを、この存在者の「実在」と呼びましょう。存在者が、無差異化された多であるかぎりにおいて、数学によって思考可能になるところの、この多が多であるという事実とは別に、世界の地平のうえにこの多をあらしめるところの世俗的な地平にわれわれは関心をもつことになります。多が世界のなかに現れるところではどこでも、それは実在します。その結果、われわれは存在と実在のあいだにまったく古典的な、とはいえ確かに少々変形された区別を導入することになります。実際、「存在」とはこの場合、純粋な多として思考されるところのものであり、「実在」とは、構築された世界あるいは規定された世界の地平のうえで、多がそこにあるもの〔現 - 存在〕として思考されるところのものだからです。

以上のことを技術的に洗練させるには、全く異なる三つの道をとることができます。その詳細に入ることはここでの問題ではないのですが、存在から実在への過程《パッセージ》、いわば存在と現－存在とのあいだの、多と多の世俗的挿入とのあいだの関係が超越論的関係であるとだけは述べておきましょう。この超越論的関係は、ある世界のなかであらゆる多に、実在の度合いが、現れの度合いが割り振られているということによって成り立っているのです。規定された世界における現れであるかぎりで、実在する事実が、ある種の度合いに、この世界における現れのある種の強度、これは実在の強度とも言われうるものと不可避的に結びつけられているということをよく理解する必要があります。したがって、多には、超越論的な仕方で規定された世界にそれを割り振る実在の強度が割り当てられます――これが超越論的な関係です。もちろん――とても複雑ですがとても大事な点です――、多は異なる複数の世界のなかで現れることができます。われわれは存在の遍在性という原理を認めており、これこそが人類《ユマニテ》を定義するものであるとすらわたしは言うことになりましょう。なぜ人類は、他のすべてのものよりも優れているものとして表象されうるのでしょうか。それは非常に多くの異なる世界に現れ、極めて多様な実在の強度に超越論的に割り当てられる人類の能力のためにほかなりません。われわれは幸いにも、複数の世界で実在します。なぜなら、もしわれわれが一つの世界に結び付けられていたのだとしたら、とりわけその世界が悪いものだった場合、それは一般にあることですが、とりわけ痛々しいものとなるでしょう。

したがって、多は複数の世界に現れることができるし、多は一般規則として異なる強度をともなってそこに現れます。異なる強度で、とは云々の世界においては強く、別の世界においては弱く、第三の世界では極端に弱く、第四の世界においては極端に強いというように、ということです。外延的には、われわれが異なる強度をもって組み込まれている複数の世界においてこの循環がよく理解されます。ご存知のように、実在のシークエンスというのは、しばしば、弱い実在の度合いでもって実在する世界から、より強い実在の度合いで実在する世界への移行過程なのです。つまりそれが生命の契機《モマン》です。これには洗練された論理が実在します。根本的な点は以下です。ある世界に現れる多が与えられ、いわばそれと同時に現れているこの多の諸要素が与えられるとして、というのも多を構築するものの全体性は世界において現れているからなわけですが、その場合その現れが最小の度合いによって、いわば最小の仕方で実在する度合いによって測られるこの多の合成素がつねに実在するのです。世界の超越論的なものにおいて最小の仕方で実在することが、まったく存在しないのと同じことであるということをあなたがたはよく理解していますね。世界に外在する神の眼であれば、最小のもの同士を比較することもできるかもしれませんが。しかしそれが世界のなかで実在しているあなたがたであれば、最小で実在するということは、いわば、世界の観点からみれば、まったく実在していないということなのです。これがわれわれがこの要素を「非実在者 inexisitant」と呼ぶ理由です。この時、事柄はとても単純な仕方で言われます。すなわち、ある世界に現れる多が与えられるとき、つねにこの世界における非実在者であるこの多の要素が存在するのだと。これは、この世界に相対的である、この多の固有の非実在者です。注意しましょう。非実在者は存在論的な特徴付けをもたず、実在的な特徴付け、すなわちそれが実在の最小の度合いであるという特徴付けしかもちません。興味深いのは、これが証明されるということです。ただ証明を〔ここで〕みなさんに与えるつもりはありません。物足りなくなってしまいますし、ご自分で探すことができるからです。しかし、現れているものには非実在者である点が常に存在しているということが証明されうるのです。多をAと呼ぶ場合、非実在者の点を次のように記すことにします。すなわち、Aを添数としたϕ_Aが空集合である〔という仕方で〕。これはAの非実在者という意味の固有名です。*A*の非実在者は、つねにある世界の*A*の固有の非実在者であるということを覚えておいてください。

力強い有名な例をあげましょう。マルクスの提示するブルジョワと資本主義の社会の分析では、プロレタリアートは政治的多の固有な非実在者です。それは実在しないのですが、存在をもたないということを意味していません。

・このような混乱はつねに起こります。マルクスはプロレタリアートは存在をもたないとは明らかに言いたくはないわけです。というのも、反対に彼はプロレタリアートがなにであるのかということを説明するために、何巻も積み重ねているからです。プロレタリアートの社会的存在は、問題ではありません。マルクスにとって、プロレタリアートは、その存在、それであるところの多が、それが分析されうるが、政治的世界の現れの規則が採用されるのであれば、プロレタリアートはそこに現れていないところの世界の中に絶対的に存在するかぎりにおいて、政治的表象の問題から抜き去られているのです。プロレタリアートはこの世界のなかに存在しますが、しかし最小の現れの度合いにおいて、つまり現れの度合いのゼロ度において存在しているのです。これこそが、『インターナショナル』誌で謳われている「われわれは無である、すべてになろう！」ということなのです。「われわれは無である」と言う人たちは、明らかに自分たちが無であることを肯定しているのではなく、政治的に現れることが肝心であるときに、現状の世界において自分たちが無であると主張しているのです。彼らの政治的な現れの観点からは、彼らはなにものでもありません。彼らがすべてになるということは、世界の変化を、超越論的なものの変化を前提しているのです。超越論的なものが変化し、実在の割り当てそれ自体が変様することが必要なのです。したがって非実在者は、まさに、ある世界における多の非‐現れの点、この世界の超越論的なものと相対する点なのです。他にもたくさんの事例を見つけることができます。わたしが主張するのは、それが非実在点をつねに呼び起こすのは、現れの、現‐存在の一般法則であるということなのです。

・以上の対象にかんするすべての理論武装の全体的論理は、当然のこととして集合論（世界の対象の存在は、世界という多の形式をもつ集合として、その現れによって固定される）を前提していますが、その心臓部はむしろ、カテゴリー論という関係の形式理論のなかにあります。対象は実際、外延的には、それ自身を含む世界のすべての対象との可変的なその関係によって（世界における実在の度合いの規定によって）、そのようなものとして定義されます。（絶対的一般性において思考可能である）存在から（特定の世界において文脈化された存在である）実在への過程、すなわち、（純粋な多、つまり存在としての存在の）存在論から（諸世界において局所的に現れているあらゆる事物のあいだの諸関係である）論理学への移行がなされたとすれば、実在の度合い、すなわち強度の階梯上での世界におけるこれらの諸関係の微分的な規定を計算することができるのです。

・カテゴリー論の基本概念から引き出される、より技術的な考察は、世界はグロタンディーク・トポスと呼ばれる構造を大域的にもっていると結論することを可能にします。一応注意しておくと、存在の形式が世界の形式であるときに、トポスについて語ることができることにわたしは留意しています。出来事はつねに世界に到来します。あらゆる出来事は局所化されており、したがってすべての真理はたとえそれが他の世界において到来しうるものだとしても（つまりそこから普遍的なものが生じるのですが）、またたとえそれが世界に現れていないなにものかによって世界のなかにあるのだとしても（つまりそこからジェネリック性が生じるのですが）、それは局所化されているのです。

「関係」、「行為」、「世界における実在」あるいはまた「同一性と差異」というあらゆる生気論の主要な諸概念が、カテゴリー論に属していると述べることは、わたしの存在論が集合論であると述べることと同じだけ理由があるのです。しかし実のところ、どちらの場合においても、一定の数学的相関物をもたない哲学的概念が、哲学とその数学的条件とのあいだの循環関係の中心にあり続けています。この概念は、後者においては「一なき多としての存在」であり、前者においては「実在の強度としての世界における現れ」なのです。『存在と出来事』では、普遍性という哲学的概念が存在論的には、ジェネリック集合という数学的概念によって支えられています。ジェネリック集合とは、仮定された無限集合の部分集合で、その要素の共通する性質によっては、つまりその内部で操作が行われるところの世界において定義可能な諸性質のレパートリーにおいて利用可能な性質によっては定義されることのできないものです。言い換えれば、一方にAという無限集合をおき、他方に、論理演算子と関係∈という実在する定項によってZFCのなかで定義可能な諸性質Pをおきます。Aの部分集合が「ジェネリック」であるのは、利用可能などの性質Pによっても、分離公理を利用することで定義することができない場合です。したがって、それがまさにAの部分集合Gであるならば、それは、「性質PをもつAの諸要素からなる集合」としては定義されないし、定義されうることもないのです。

最後に、Gの唯一の性質は、Aの部分集合であるということのみだと述べることができます。それゆえそれは、ジェネリックな部分集合、「純粋な」部分集合、理論言語のなかで利用可能な性質とは無関係な部分集合であるのです。

わたしはここで、潜勢的には、ハイデガーにおけるとりわけ重要な、「知識」と「真理」のあいだの区別の定式化を見出しました。すなわち、知識とは世界の事物に共通の性質であり、支配的言語によって表現される性質です。真理とは、「知識の外での」創造であり、支配的言語において、まさにその創造の瞬間においてはそのようには表現不可能なものです（したがって、この言語を頑なに支持する人々によってしばしば排撃されるのです）。この点においても、「ドクサ」と「真なる認識」のあいだの対立に出くわします。前者はつねに、分有された会話において出回っていますが、後者は純化の根本的な運動を要求しており、その中心部にイデアが浮かび上がります。

多の存在論においては、ドクサあるいは共通の知識の支えは、分離公理によって、したがって同じ性質（この性質それ自体は支配的言語においてはすべての人に気がつかれます）をもつすべての多の和集合によってこの状況から引き抜かれた状況の部分集合です。しかし、真理の創造が存在する場合には、それは支配的言語とは無関係なジェネリック部分集合である存在を支えとしてもつことを要求します。

ポール・コーエンは、一九六〇年代のはじめに、ZFC理論の集合論モデルの文脈においてジェネリック集合を生み出すために一般的な方法を発見しました。これはわたしにとって普遍的な真理とはなにかということが、純粋な存在の水準で、最終的に発見された支えです。というのも、ジェネリック集合は、実在する世界において気づかれるあらゆる同一性の外に位置しているからです。

特異性という概念については、その位置は、カテゴリー論の一部であるトポス理論の文脈で、世界における対象の実在の概念によって明晰に定義されます。最終的に、「普遍性」と「特異性」のあいだの古典的な区別は、個別の数学的文脈の（ZFC理論、トポス理論）条件のもとにおいて、第一に、多‐存在と世界‐内‐実在のあいだの区別によって、第二に一方の「ジェネリック集合」と他方の世界における「合理的実在の度合い」のあいだのより技術的な区別によって、解明されます。

したがってわたしは、現代形而上学にかんする最初の二つのわたしの著作において、ドクサの与件的世界において真理の普遍性（ジェネリック性）を特異性（実在）に対立させることを可能にしたのです。しかしいまだ、真理が絶対的であること、すなわち、それがあらゆる経験論的解釈と対立するのみならず、あらゆる超越論的な構成から守られてもいること、つまり規定された世界において、ある意味では歴史的な行為者である主体ないし諸主体から独立した存在をもつということがどこから生じるのか、ということが理解されずに残されています。

別の仕方でこれをいい直しましょう。『存在と出来事』でわたしは、真理の普遍的な例外性が、ジェネリックな多という種のもとで、出来事としてどのように生じるのかということを示しています。『諸世界の諸論理』においてわたしは、その存在が例外的であるところの諸真理が、実際に実在する世界において、特異性として、有限性によって特徴づけられた所業=仕事《ウーヴル》として、やはり実在していることを示しています。かくしてわたしは、多が到来する世界から十分に区別された多が普遍的価値をもつための存在論的な可能性を保証したのです。しかしわたしは、真理の諸業の普遍性が、真理が特定の操作の結果であることをまったく排除しないということ、そしてその始原的な素材が特定の世界のなかに実在するということまったく排除しないということを保証することができたのです。

最後に〔次の点を確認しましょう〕。

・純粋な多という存在論的装置でもって、わたしは〈真理〉の存在を唯一保証するものとしての超越の、あるいは〈一者〉の支配圏域から逃れました。

・ジェネリックな普遍性という装置でもって、わたしは普遍的真理の実在を否定する経験論と相対主義から逃れました。

・ジェネリックな真理の構成という世界における実在の理論、したがってそれらの特異性の理論でもって、わたしは、〈真理〉の潜勢力を実在する世界から完全に抽出し、それをまったく主体的であるプロセスにすることを試みる観念論から逃れたのです。

しかし支配的である相対主義にたいして、次の点を保証することも必要でした。真理が、その出現にかんしては、出来事的な仕掛けに依存し、その存在がジェネリックであるという事実は、いったんそれらが世界のなかで業《な》されたら、それが厳密な意味において絶対的であるということを妨げるものではないということです。そしてこの意味は、今度は、数学的条件との関係において、コーエンの強制法の手続きからも、トポス理論の精妙さからも出てくることはなく、数学基礎論の別の分野から、つまり、ここ数十年いまだ盛んである無限〔集合〕論から出てくるのです。これこそがわたしの第三の著作であり、去年〔二〇一八年〕完成した『諸真理の〈内在〉』の賭金なのです。

6　諸真理の〈内在〉

わたしは、この最後の本について、哲学とその数学的条件のあいだの関係について、簡単に素描することしかできません。

存在論的な普遍性だけでは、諸真理の絶対性は保証されません。相対主義者は、つねにこれは、ある世界から別の世界へのジェネリックな支えにたいして、所業を循環させる可能性を保証しているにすぎない、いわばそれは局所的なジェネリック性をバラバラな文化的世界にたいして押し付けているに過ぎないと述べることができます。たとえばこれが、わたしの友人であるバルバラ・カッサンがわたしに向けた反論でした。「普遍性は、つねになにかの普遍性である」と彼女はわたしに、（普遍性とは感性的で文化的なもの、あるいは言語の事実であると主張する）経験論と（すべては「なにかのために」実在するという）観念論のあいだの融合から常に生じるどこか素朴なところのある力強さでもっていったのです。

新著は、彼女にたいして実体としては次のように答えています。すなわち、真理の絶対性は、それ自体、真理 - 所業——それはつねに存在論的には、ジェネリックで、したがって普遍的である生成の有限な切片なのですが——が関係に入る無限のタイプによってそれ自体で保証されているのだ、と。『諸真理の〈内在〉』の心臓部は、この真理の所業と無限のあいだの内在的な関係、真理の絶対性を基礎づける関係とはなにかということを解明しているのです。

もちろん、バルバラ・カッサンは宗教を例にとりながら、「絶対性はつねになにものかの絶対性なのです」とわたしにいってくれることを期待しています。しかし、真理の所業は、諸世界のなかの実在者であり、したがって、宗教とはなんの関係もないのです。革命、愛、絵画、定理はそこではすべてのひとの眼に映っています。そしてすべてのひとは、普遍的価値をもつものの不変性《アンヴァリアン》を把握することになるのです。というのも、すべてのひとは、誰もが直面する主体的な経験において、有限な所業とその存在の陰伏的な無限のあいだの関係を分有しているからです。

この点についてのとりわけ複雑な数学的な省察については、明晰な一般観念さえ示すことができません。現代の無限論が、絶対者の属性とはなにかということの哲学的定義を権威づけているといっておきましょう。絶対者にかんするかぎり、数学者にとってそれは、形式的でしかありえません。つまりそれは、一なき多のすべての可能な形式の、心的に位置づけ可能（定義可能）だが、論理的には一貫性をもたない集まり（コレクシオン）です。

命名にかんしてつねに直観的に天才的である数学者たちが、論理的には一貫性をもたないが、ある種の性質を記述するためには十分に実在しているこの絶対者にたいして、Vという名を与えたということに注意しましょう。つまり大いなる空虚《グラン・ヴイッド》、しかしまた真理の場所《リユウ・ドウ・ヴエリテ》、と。

有限で特異的（実在的）だが同時に普遍的（ジェネリック）である、そのリアルのうちにある真理の所業を「無限化」し、同様に絶対化するものは、以上のように定義された絶対者とのあいだの媒介されたその紐帯なのです。媒介は、――スピノザが「実体の諸属性」を定義するときにこの点について決定的に直観したのと同様に――特定の世界にリアルに実在する所業が「分有」することのできる属性の一つによって保証されているのです。数学の天才の一撃はこのような絶対者の属性がなにであるのかということを明晰に定義したのです。すなわち絶対者それ自体の初等的な埋め込みが実在するところの推移的クラスV（絶対者）、というものです。

この定義の正確な意味については、近似的なものだとしても、ここでは触れることができません。たとえ、数学ではいつもそうですが、その妥当性の根拠としておかれる計算よりもその根底にある観念のほうがより明晰であるとしてもです。いずれにせよ、この定義は実在しています。くわえて、絶対者の属性が少なくともひとつ実在することの根本的な条件が知られています。すなわち、確固たる哲学的理由によってわたしが「完全」と呼ぶ、特別なタイプの「とても大きな」無限（英語圏では「巨大基数」と呼ばれます）が実在するというものです。

哲学と数学を緊密に循環させることによって、哲学においてわたしが「絶対者の属性」と名付け直したものの（数学的）定義が、わたしがそれに与える思弁的な意味を明晰に支持していることを示しています。そのとき哲学者には、誰であれ、無限を構築する困難な迂回路に入り込み、わたしがすでに証明したように、哲学と数学のあいだを行き来しながら、特異的であると同時に普遍的でもある真理の所業を絶対化する道をそこに見出すことが残されています。あとは、その真理の所業が等しく絶対的であることを証明するだけです。

以上がわたしのなしたことです。わたしはこれらを十分な年齢を重ねたあとでなしましたから、この達成はほんとうに満足のいくものです。というわけで、最後はこの尊大な主張で締めくくらせてください。

訳者あとがき

本書は、フランスの哲学者アラン・バディウ本人による、バディウ哲学の解説書である。バディウは他の著作などでも自身の哲学を要約する手際の良さで知られているが、今回は、とりわけ、バディウの哲学の全体像だけでなく、彼の哲学の三大主著として知られる『存在と出来事』、『諸世界の諸論理』、『諸真理の〈内在〉』について、それぞれカギとなる考え方について突っ込んだ説明をしており、バディウ哲学入門書の決定版ともいえる。日本では三大主著については、いまだ『存在と出来事』しか訳されていない状況ではあるが、本書の邦訳をきっかけに、残りの二大主著にまで関心が集まることを期待したい。

バディウの哲学の特徴は、本書でも十分に語られているように、数学を筆頭とした科学、政治、芸術、愛という哲学の四条件とのなかでバディウ自身の哲学を位置づけるところにある。バディウの哲学は、現代フランス哲学の現状において、ある意味でほぼ唯一の、非現象学的な体系哲学ということもあって、英語圏を含めて世界中でバディウ哲学を検討する議論が展開されている。日本ではまだその思想の全体は十分に知られていないが、今後の研究において知られるようになることを切に願うばかりである。

二〇二三年盛夏

近藤和敬

著者／訳者について――

アラン・バディウ（Alain Badiou）　一九三七年、モロッコのラバトに生まれる。哲学者、作家。主な著書に、『存在と出来事』（*L'Être et l'événement*, Seuil, 1988. 邦訳、藤本一勇訳、藤原書店、二〇一九年）、『諸世界の諸論理』（*Logique des mondes. L'être et l'événement*, 2, Seuil, 2006）、『諸真理の〈内在〉』（*L'Immanence des vérités. L'être et l'événement*, 3, Fayard, 2018）、『推移的存在論』（*Court traité d'ontologie transitoire*, Seuil, 1998. 邦訳、近藤和敬・松井久訳、二〇一八年）、『思考する芸術――非美学への手引き』（*Petit manuel d'inesthétique*, Seuil, 1998. 邦訳、坂口周輔訳、二〇二一年、いずれも水声社）などがある。

*

近藤和敬（こんどうかずのり）　一九七九年、兵庫県に生まれ、福井県で育つ。大阪大学大学院人間科学研究科博士後期課程単位取得退学。現在、大阪大学大学院人間科学研究科准教授。専攻、哲学・哲学史。主な著書に、『構造と生成I　カヴァイエス研究』（月曜社、二〇一一年）、『数学的経験の哲学　エピステモロジーの冒険』（青土社、二〇一三年）、主な訳書に、ジャン・カヴァイエス『構造と生成II　論理学と学知の理論について』（月曜社、二〇一三年）などがある。

装幀——宗利淳一

アラン・バディウ、自らの哲学を語る

二〇二三年一〇月二〇日第一版第一刷印刷　二〇二三年一〇月三〇日第一版第一刷発行

著者――アラン・バディウ

訳者――近藤和敬

発行者――鈴木宏

発行所――株式会社水声社

東京都文京区小石川二―七―五　郵便番号一一二―〇〇〇二

電話〇三―三八一八―六〇四〇　ＦＡＸ〇三―三八一八―二四三七

［編集部］横浜市港北区新吉田東一―七七―一七　郵便番号二二三―〇〇五八

電話〇四五―七一七―五三五六　ＦＡＸ〇四五―七一七―五三五七

郵便振替〇〇一八〇―四―六五四一〇〇

URL : http://www.suiseisha.net

印刷・製本――精興社

ISBN978-4-8010-0764-2

アラン・バディウの本

［価格税別］

推移的存在論　近藤和敬・松井久訳　三〇〇〇円
思考する芸術　坂口周輔訳　三二〇〇円
ベケット　西村和泉訳　二〇〇〇円
コミュニズムの仮説　市川崇訳　三〇〇〇円
サルコジとは誰か？　榊原達哉訳　二二〇〇円
愛の世紀（ニコラ・トリュオングとの共著）　市川崇訳　二二〇〇円
議論して何になるのか（アラン・フィンケルクロートとの共著）　的場寿光・杉浦順子訳　二八〇〇円

＊

共産主義の理念（共著、コスタス・ドゥズィーナス／スラヴォイ・ジジェク編）　長原豊監訳　四五〇〇円